CHAMPIONSHIP TEAM BUILDING

What Every Coach Needs to Know to Build a Motivated, Committed, and Cohesive Team

最強をめざす チームビルディング

——潜在成長力を引き出すコーチの取り組み

ジェフ・ジャンセン［著］
Jeff Janssen

水谷 豊＋藤田将弘＋中道莉央［訳］
Yutaka Mizutani, Masahiro Fujita, Rio Nakamichi

大修館書店

CHAMPIONSHIP TEAM BUILDING

By Jeff Janssen

Japanese translation rights
arranged with JANSSEN SPORTS LEADERSHIP CENTER
through Japan UNI Agency, Inc., Tokyo.

Taishukan Publishing Co., Ltd.
Tokyo, Japan, 2017

最強をめざすチームビルディング——潜在成長力を引き出すコーチの取り組み

推薦の言葉──「われわれの自転車」を奪い返すために

チャンピオンとはそのまま生まれてくるものではない。つくり上げるものである。

これは、バスケットボール界のコーチングの先達が残した名言である（Forest Anderson and Stan Albeck, 1964）。本書は、長い間私の**チーム**＊1で、コーチングスタッフとして協力してもらったジェフ・ジャンセンが、まさにこの名言にふさわしいチャンピオンシップをめざす**チームビルディング**＊2（以下、チームづくり）をテーマにして書き上げたものである。

ジャンセンのチームづくりに関して、とても感銘を受けたエピソードを紹介しよう。

それは、私のチーム（アリゾナ大学女子ソフトボールチーム）が、1996年のNCAA（全米大学体育協会）選手権の優勝をめざして戦っていたレギュラーシーズンも終盤にさしかかる頃のことだった。1993年、94年と2年連続で選手権を制したが、95年はカンファレンス・プレーオフで敗れていたので、その年は全米ベスト5にも選ばれず、下馬評にも上っていなかった。しかし私は、チームはそんなことに気をとられることなく、「今年こそは！」と目標の達成に集中していると確信していた。ところが、カンファレンスのプレーオフが近づくと、手ごたえがいまひとつで、〝一気に勝負に出る状態〟にまで達していないのではないかと感じ始めていた。

ところが、思いがけないことが起きた。チームの調子が上がってこないのを察したジャンセンが、カンファレンス・プレーオフ前の最後の練習のときに選手を集め、次のような「ケンタッキー州ルイビルのひとりの少年」の実話を語り聞かせたのだ。

その少年の家族は貧しく、住む家以外に暮らしのゆとりはなかった。近所の遊び仲間はその少年を除いて、みんな自転車を持っていた。一緒に遊んでいると、仲間は自転車に乗って遠くに行ってしまうので、自分一人とり残されてしまう。自転車に乗った仲間を走って必死に追いかけるが追いつけない。少年は親に自転車を買ってもらえないので、自分で食料雑貨店での仕事を見つけ、必死に働き、一年後に買えるだけのお金を貯めることができた。さっそく自転車を買い、家まで乗って帰り、仲間たちにも自慢した。少年にとっては鼻高々だった。

それから一週間ほどが経ったある朝、少年は自転車を置いておいたはずの場所に行って驚いた。そこにあるはずの自転車が消えてしまっていたからだ。仲間に聞きまわったが、誰も「知らない」と、にべもなく冷たい返事しか返ってこなかった。少年はひどくショックを受けた。

さて、それから数年が経って、少年はボクシング界にいた。盗まれた自転車の相談で警察署に行ったとき、対応した警官がボクシングジムのトレーナーもしており、「盗んだ犯人に一発パンチを食らわせるためにボクシングをやらないか」と誘われ、その警官のボクシングジムに入った。この少年こそ、ボクシング界のみならず、やがて全スポーツ界で尊敬を集め、偉大なボクサーとなったモハメド・アリその人だったのだ。

リングに上がるたびに、「おい、よくも俺の自転車を盗みやがったな！」と相手を脅すようにつぶやきながら、自らモチベーションを高めたという——。

この話を聞いて、チームは一変した。自分たちが前年に失っていた〝自転車〟をチームが一丸となって奪い返そうとスイッチが入ったのだ。NCAA選手権で優勝しようという共通目標の達成意欲がよみがえり、失っていたものを取り戻そうとする気持ちが一気に高まったのである。ちなみに、1996年に優勝したチームの記念リングの内側には「われわれの自転車」と彫ってある。

このように、選手がひとたび結束すると、チームは優勝に向かってまっしぐらに取り組み始め、予想以上の成果を出すことがある。誰かのミスを全員でカバーし、チームのために献身的なプレーに挑み、全員で目標を達成しようとする。つまりそれは**チームワーク**＊3の賜物であり、チームワークによってチームは優れたチャンピオンに成長していくのである。だからコーチは、選手にくりかえしその大切さを説く。「チームワーク（Teamwork）という言葉には〝I〟（私）という文字は入っていない」、あるいは「TEAMとは〝もっとみんなが一緒になってやり遂げよう〟（Together Everyone Achieves More）の頭文字をつなげた言葉なのだ」などと、くどいほど話す。それがやがて**チームケミストリー**＊4に結びつき、勝利がもたらされるのである。

チームケミストリーがお粗末だと、コーチは戦う前に頭痛に悩まされ、眠れぬ夜がやってくることもわかっている。さらに、そのままシーズンに入るとどうなることかと気が気ではない。わがままな選手が集まったチーム、あるいは努力もせず、選手がチームに**コミット**＊5しないチームのコーチングは、やりがいがあるどころか、フラストレーションがたまるいっぽうだろう。また、コーチの言葉に集中せず背後でヒソヒソやっている選手がいるチームのコーチもみじめである。絶妙なチームケミストリーを備えたチームをコーチングする「面白さ」と、お粗末なチームケミストリーのチームのコーチングの「むなしさ」とは、まさに天と地の差がある。

私にとって、チームづくりはもっとも生きがいを感じ、ハートが揺さぶられる仕事である。ありがたいことに何年も強豪チームをコーチしてきたいっぽうで、おそらく、手のかかるチームにチャレンジを促す機会にも恵まれていたのかもしれない。シーズンが終わるまでひとつになって戦い抜けるように、いくつものパーツをチームとしてまとめ上げていく苦楽を実に多く味わってきたのである。

本書は私が知る限り、チームづくりのすべてを包括しており、成果の出せるコンセプトとプログラムをコーチたちに提供している唯一の書である。私たちのチームがトップランキングを維持し続けることができるのも、本書で紹介されているジャンセンの効果的なアイディアのおかげである。私が知る限り、成果を出せるチームづくりに欠かせない必読の書だと思う。

アリゾナ大学女子ソフトボールチーム・ヘッドコーチ
マイク・キャンドレア

＊1　チーム／＊3　チームワーク　Teamとは、「同じ乗り物や農具につながれた2頭以上の馬や牛など」（*Webster's New World Dictionary*, 1978）とあり、つまり、馬車や荷車を引く数頭の馬や牛などを指している。馬車を引いている状態で馬が好き勝手に動いたら、馬車はひっくり返るかもしれない。ところが、御者の手綱やかけ声で合図されると、一瞬一瞬、すべての馬が一体となってまったく同じ動きをする。だから、馬車は合図通り走ったり、止まったりすることができる。ここから、スポーツの場合でも、共通の目的のもと、気持ちをひとつにしてプレーするひとかたまりの選手を「チーム」と呼ぶようになった。そしてチームが一体となって成果を追い求める状態が「チームワーク」である。

＊2　チームビルディング（チームづくり）　原書『*Championship Team Building*』にある〝Team Building（チームビルディング）〟という用語は、アメリカでは、企業体の生産効率を伸ばす組織の育成という意味で使われている。換言すれば、目的を達成するためにメンバーが共通認識を持ち、お互いの理解を深め、ひとつになってチームの能力を高めていく活動のことを指している。日本語では「チームづくり」と訳されているが、最近ではスポーツ指導者の間でも「チームビルディング」という言葉もよく使われるようになってきている。このことから、書名としては「チームビルディング」としながらも、本文中は「チームづくり」としている。

＊4　ケミストリー　Chemistryの本来の意味は「化学作用」であり、他に「不思議な力、作用、変化」という意味もある。「自然の不思議な働き（the chemistry of nature）」などとも使われる（プログレッシブ英和中辞典）。アメリカのプロバスケットボールで「彼らは相性がよかった」（The chemistry between them was good.）などとテレビ解説者が表現する場合がある。その場合は「5人の連携によって、5人分以上の結束力（プラスαの力）が生じること」を指している。

＊5　コミット／コミットメント　もとのラテン語「ゆだねる」から転じたcommit/commitmentは、単なる「関わる／関わり」にとどまらず、「約束や責任を持って関わる／責任を持つ関わり」という意味になる。スポーツの場合は参加の願望と決意を示す気持ちを根底にした「特定のスポーツ活動への参加、関わり、またはそれを継続する願望や決意を表わす心理的な状態」と定義されている（*T. K. Scanian Journal of Sport & Exercise Psychology*, 1993）。

はじめに

コーチは次のような問いを自分に何度も投げかけ、自分なりにその答えを見出しながら、これまでチームを率いてきたのではないだろうか。

○勝つために、選手をどうやって本気でコミットさせるのか？
○全員に共通目標を持たせ、それに集中させるにはどうすればよいか？
○チーム一丸となってやっていく重要性をどのようにして選手に納得させるのか？
○手のかかる選手をどのようにコントロールしていくのか？
○選手に自分の役割を受け入れ、その大切さを理解させるにはどうしたらよいのか？
○選手と緊密なコミュニケーションをとるにはどうしたらよいか？
○チームにトラブルが生じたとき、どのような手を打てばよいのか？
○選手に「何かをする責任」と「結果に対する責任」をどのようにわからせるのか？
○選手同士の尊重と信頼をさらに育むにはどうすればよいのか？

結果を求めて日々邁進するなかで、ほとんどのコーチがこのような問題に直面し、あるときは苛立ち、またあるときは途方に暮れたのではないだろうか。確かに、それぞれの分野におけるさまざまな問題を克服する手助けとなる専門書、ビデオ、クリニックなどは巷にあふれている。しかし、ワンランクアップをめざし、あるいは上位ランクのチームに追いつこうとするための本当に役立つ指南書となると、数は意外と限られてくる。その意味では、本書は、上述した難問の答え探しの参考資料になるのではないだろうか。

効果的なチームづくりとは

チームづくりとは、個の集まりをチームに変えていくプロセスのことを言う。目標に即した計画を立て、必勝パターンを築き上げ、目標の達成までを統率していくのである。これはおそらく、コーチングにおいてもっとも難しく、またきつくもあり、しかしながらやりがいのある役まわりでもある。実際には、セールスマン、建築家、消防士、警察官、裁判官、陪審員、私立探偵、カウンセラーといった各種専門職にも必要とされる遂行能力がないと務まらない。コーチングは、ただ単にコートやグラウンドにおけるスキルを磨き、適切なポジショニングを教えるだけにとどまらない。言い方を変えれば、個々の選手が抱く夢に目を配りながら、一つでも多くの夢が叶うように選手をいざなうことも含まれる。そのためには、共通目標の達成に集中させ、一致団結した人間の集団としてやっていくことができるように選手を導いていかなければならないのである。

本書では、チームづくりのそのようなプロセスで利用できる多くのアイディアや戦略を提示している。当然のことだが、毎シーズン、卒業などでチームを去る選手や新入生として入ってくる選手、あるいはシーズンを戦い抜いて成長する選手や脱落していく選手など、それがドラスティックではないにしても、チームは常に変化する。チームづくりというものは、そのような変化に対応しながらの気苦労とやりがいの連続であり、別の言い方をすれば、多くの内的、外的な要因の影響を受けながら続く複雑なプロセスであるとも言える。例えば、けが、両親、ルームメイト、天候、審判、出場時間、ホームシック、転校、チーム移籍、学業成績不振……などの内外さまざまな要因によって、チームづくりは一瞬にして危機に直面するのである。

私は8年間にわたって、アリゾナ大学のピークパフォーマンスコーチとして、そして、いくつもの国内トップレベルの大学チームの強化育成コンサルタントとして、チームづくりに関わってきた。幸いなことに、いくつもの種目にわたり、関わったチーム数は200を超える。NCAA選手権優勝に結びついたチームがあるいっぽうで、チームに染みついている負け癖を払拭できず、不本意なシーズンとなってしまったチームもある。シーズンの初めから終わりまで、完璧なチーム状態を簡単に維持できる方法はない。けれども、例えば、共通の目標に集中するチームづくりをめざすのであれば、そのための意欲や連帯感をつくり出す手立てはなくはない。

本書では、そのようなチームづくりの過程で起こり得る問題を解決するためのアイディアや手法を示している。チームのランキングに関係なく、いろいろな種目の異なるチームで採用した方法の中から「これは使える」と判断したものを紹介している。

過去に実績のあるアイディアをぎっしり詰めた宝石箱

本書は、過去に実績のあるアイディアがぎっしり詰まった宝石箱であり、それらをコーチに届けたいと思っている。〝名将〟と称される偉業を成し遂げたコーチは、いつも他のチームにはない斬新なアイディアを模索している。そのエッセンスが詰まった宝石箱は、チームを成功に導き、コーチに満足感を与えるものになり得ると思っている。実際に採用する際には、自分のチーム事情に合うように修正し、あるいは自分なりのアイディアをつけ足して活用してもらいたい。

これまでに、チームづくりが暗礁に乗り上げた経験を何度もしているが、本書で示しているのは、それらを克服したときのアイディアや手法である。その意味では、チームづくりの羅針盤の役割も果たせるのではないだろうか。

また本書では、名将、智将と称される素晴らしい成果を収めているコーチ、偉大な記録を樹立したアスリート、常勝稀敗の強豪チームのそれぞれの成功へのプロフィールを解説している。そこから、チャンピオンシップをめざすチームづくりのためにはいったい何が必要なのかを読みとり、身につけてもらいたい。チームが潜在的な力をフルに発揮しながら逆境をうまく克服していく方法を学びとってもらいたい。さらには、シーズン初めに決めた目標を達成すべく、コーチとしてチームの先頭に立って、邁進するチームを引っ張っていってほしい。では、これから、本書を通じて、大きな達成感と喜びを味わうチームをめざす歩みに同行させてもらいたい。

ジャンセン・スポーツリーダーシップセンター

ジェフ・ジャンセン

目次

第5章　共通目標へのコミットメント——チーム全員に共通認識を持たせるには（C1＋C2）　95

第1章

チームワークの大切さ

コーチはなぜ〝自分のチーム〟をつくらなくてはいけないのか

1 チームワークの必要性

チームは才能だけでは勝てない

さて、もっともなことかもしれないが、コーチは常に〝磨けば光る原石〟を探し求めている。つまり、かなり多くの時間をかけて有望な選手を発掘し、才能を見定める。さらに、そうやって獲得した待望の選手に多くの時間を費やしてフィジカルを鍛え上げていく。スポーツにおいてフィジカルの重要性は疑いの余地のないことだからである。

ところが「はじめに」でも述べたように、外的・内的な要因の影響を受けるチームづくりは、フィジカルを鍛えるだけでは成り立たない。いくらフィジカルが優れているからと言っても、それだけが勝利の要因ではない。「フィジカルがいちばん良いチームがいつも優勝しているだろうか？」と問われたら、間違ってもＹＥＳと答えるコーチはいないだろう。コーチがＹＥＳと言わないのは、より良い成果を出すためには「才能にも増して、チームワークがなくてはどうにもならない」と身に染みて感じているからである。

全米大学男子バスケットボールで１９８０年代に活躍し、ジョージタウン大学をＮＣＡＡチャンピオンシップに導いた往年の名監督**ジョン・トンプソン**[*6]が、次のように述べている。

オールスター級の選手をそろえてもタイトルはものにできない。大事なのは良い選手がそろっているかどうかではなく、選手がチームの連帯感をわかっているかどうかである。

＊6 ジョン・トンプソン（*John Thompson*） 1972－99年度にジョージタウン大学を率いた。84年、チームをNCAA制覇に導いた。メジャーな選手権でチームを優勝させた初のアメリカンアフリカンコーチ。また、オリンピックのアメリカ代表チームの76年モントリオール大会、88年ソウル大会のアシスタントコーチも務めた。

チームワークなきチームが対立を起こす

「今シーズンは鍛えこんだチームになった」とコーチが手ごたえを感じながら、目標の選手権大会出場をめざすチームは少なくない。ところが、その多くは思わぬ苦杯を喫して姿を消していく。つまり、多くはチームワークの欠如によって、持っているチーム力を発揮できなくなってしまうのである。原因は対戦相手にあるのではなく、残念ながら、自業自得の場合が多い。選手の利己的な態度、嫉妬、コミュニケーション不足、内輪もめ、チーム目標に対する決意の弱さなどが露呈し、格上チームに翻弄されているゲームのときのように自滅する。あるいは、選手が個人的な問題でチームの足を引っ張り、練習で積み上げてきたことが水泡に帰してしまう。チーム内の対立があった場合は、選手のやる気さえも吹き飛んでしまう。そうならずに選手の才能を最大限に引き出すためには、質の高い練習を維持しつつ、選手に懸命に取り組ませることが重要である。

それでは、いま述べたような、チームを混乱させるネガティブな原因をいち早く察知し、その影響を最小限に抑えるにはどうしたらよいのだろうか。まずは、その根っこをきっちりと把握し、選手にマイナスに作用する「芽」を的確に摘み取ることである。そうすることによって、チームにとっては初めて成果を求める準備ができたということになるのである。

１９８０〜90年代にＮＢＡ（全米バスケットボール協会）で選手として活躍したレジェンドのひとり、**マイケル・ジョーダン**[*7]が、次のように語っている。

どのスポーツでも、才能のある選手を擁していながらタイトルを獲得できないチームは多い。自分の才能をチームのために使っていないからである。しかし、チームのために使われていないその才能によって、より困難な個人記録が達成されているのは、なんとも不思議なことである。

＊7●マイケル・ジョーダン（*Michael Jordan*）　ＮＢＡが〝誰しもが認める不世出の偉大な選手〟と評価し、１９８０－90年代においてＮＢＡを世界に知らしめたというのが定評。名将ディーン・スミスが率いるノースカロライナ大学に入り、82年にはＮＣＡＡ制覇に貢献、84年にシカゴ・ブルズ入り。84年のオリンピック・ロサンゼルス大会、92年のバルセロナ大会で金メダル。91年から3年連続でＮＢＡ制覇。その後引退するも、95年にシカゴ・ブルズに戻り、96年から再び3連覇。99年に引退。

やはり、いかに才能がある選手が集まっていても、「フォア・ザ・チーム」、すなわち「チームのために」というチームワークの精神がないと勝てないのである。マイケル・ジョーダンほどのスーパースターでさえ、そのようなことを実感しているのである。

また、長年、NBAでいくつものチームづくりを手がけてきた名将**パット・ライリー**＊8が次のような言葉を残している。

> いくら才能ある選手をそろえているチームでも、選手の不適切な態度やぎくしゃくしたケミストリーが露呈すると、これといった才能がないチームにさえ負けることがある。

＊8●パット・ライリー（*Pat Riley*）　ロサンゼルス・レイカーズ（1981－90年シーズン）、ニューヨーク・ニックス（91－95年シーズン）、マイアミ・ヒート（95－2003年、05－08年シーズン）を率い、リーグ屈指の生涯通算勝利数を収めた。96年にはNBA優秀コーチ10傑の一人に選ばれた。また、マイアミ・ヒートの会長として、2012年と13年にNBA連続制覇。93年にコーチとして学んだチームワークとリーダーシップに関する教訓をまとめた『*The Winner Within: A Life Plan for Team Players*』（『ザ・ウィナーズ』、講談社、1997年）を上梓。

勝利＝才能＋チームワーク

スポーツには、悔しい思いをしながらもわくわくし、困難だけれどもやってみたいという気持ちを起こさせる何かがある。その境地に達するためには、才能とチームワークが結びつくことが必要であり、その先に、結果としての勝利がある。練習やゲームに向かって才能ある選手が一丸となって取り組むためには、チームワークは欠かせない重要な要素である。個々の選手が自分たちで決めた方針のもと、一致団結して目標の達成に全力を尽くし、チームが「フォア・ザ・チーム」の精神に徹する状態になれば、成果を出せる可能性は飛躍的に大きくなり、場合によっては予想していなかった好結果が生まれることもある。要するに、チームワークには〝予想外の勝利の世界〟にチームを導いていく力があるということなのである。それは、２＋２が４ではなく、5または6、もしくは10ではないかとさえ思えるスペシャルな力である。

シーズン中は少しでも多くの才能ある選手を擁するチームを率いるのがコーチの本望であろう。ところが、一見才能ある選手がいるのかいないのかわからないようなチームが信じられないほどのチームワークを発揮し、勝ち星を積み重ねていく姿を何度も目にしたことがある。つまり、重要な要素にもかかわらず、才能の優劣とは必ずしも結びついてはいないのがチームワークだということになる。言い方を変えれば、才能が劣るチームが格上のチームと戦う場合には、チームワークは絶対に欠かすことはできないということである。日々の練習がしっかりとできているのであれば、選手に持てる力を余すところなく発揮させるためにも、まずはチームワークの重要性を認識させることである。チャンピオンシップを追い求めるコーチや選手なら知り尽くしていることだが、チームワークは勝利を呼びこむ才能をも超える重要な要素なのである。

1990年代の終わりから2000年代の半ばまで、コロラド大学フットボールチームのヘッドコーチとして活躍した**ゲーリー・バーネット**＊9が次のように述べている。

たとえ才能がどのようなレベルであろうと、チームワークを念頭に置いた心構えとケミストリーが勝敗を左右する要因であることに変わりない。

＊9●ゲーリー・バーネット（*Gary Barnett*）　フォート・ルイス・カレッジ（1982－83年度）、ノースウエスタン大学（92－98年度）、コロラド大学（99－2005年）でヘッドコーチを務めた。コロラド大学時代にディビジョンで4回優勝。ノースウエスタン大学時代にはカンファレンス年間優秀コーチ賞を2回受賞。

さらに、前出のマイケル・ジョーダン（P4参照）は次のように語っている。

才能があればゲームには勝てる。それにチームワークと競技特有の知性が備わればチャンピオンシップを制覇できる。

また、1986年にアリゾナ大学ソフトボールチームのヘッドコーチに就任して以来、数々の好成績を残し、本書にも序文を寄せてくれた**マイク・キャンドレア**[*10]が次のように語っている。

NCAA選手権における優勝への道のりは半端ではなかった。さながら、チームの闘う姿勢、スピリット、結束の優劣を厳しく試されているようでもあった。

*10●マイク・キャンドレア（*Mike Candrea*） 1986年にアリゾナ大学ヘッドコーチに就任。2007年シーズンまでのNCAA選手権で8回優勝、全米選手権で12回優勝。また、オリンピックでも04年のアテネ大会（優勝）、08年の北京大会（準優勝）の2回、アメリカ女子代表チームを率いた。学生アスリートとしての選手の学業成績を重視しており、実際、毎年のように〝アカデミック・オールアメリカ賞〟の受賞選手を出している。チームから目を離すことが好ましくないという責任感もあって、04年のオリンピック・アテネ大会の直前に28年間連れ添った夫人が死去したにもかかわらず、アメリカ代表チームから離脱することなく、金メダル獲得という責務を全うした。

チームが目標とする大会で戦えるレベルまでチームを育て上げるためには、どのように育成強化していくのがよいのだろうか。成果を出しているチームの特徴を検討しながら考えてみたい。

優れたチームワークは育てられ、洗練される

多くのコーチは、リクルーティング、練習、ウエイトトレーニング、コンディショニングなど

を通して、選手の育成に多くの時間をかける。これまでチームワークの重要性について述べてきたが、実際問題としてコーチは、チームワークの育成にどれほど時間を費やすことができるのであろうか。言うまでもないが、選手の才能を伸ばすために時間を費やすのと同じように、チームワークの育成にも時間をかけなければならないのである。

いまや大学女子バスケットボール界の伝説的名コーチと言っても過言ではないテネシー大学の**パット・サミット***11が次のように述べている。

チームワークは育て上げるものである。ただひとかたまりの選手を一室に集めただけで「チーム」とは言わないいし、その集団が一致団結するとは思えない。

*11●パット・サミット（*Pat Summitt*） 1974－2012年にテネシー大学を率い、NCAA制覇8回という驚異的な戦績を収めた。09年に女性コーチとして唯一「全米優秀コーチ50傑」で第11位に選ばれた。76年のオリンピック・モントリオール大会で女子バスケットボールが正式種目になったとき、初代アメリカ代表チーム入りし、銀メダルを獲得。84年のロサンゼルス大会ではアメリカ女子代表チームのヘッドコーチとして優勝。11年、早期アルツハイマー病を発症していることを公表。そのため、11－12年度シーズンは長いことサミットと組んできたアシスタントコーチに事実上ヘッドコーチとしてすべてを代替してもらったが、ベンチを離れることはなかった。

1992年のオリンピック・バルセロナ大会のバスケットボール男子アメリカ代表の「ドリー

ムチーム」を率いて金メダルを獲得したかつての名将**チャック・デイリー**[*12]は次のように語っている。

> 才能のある選手をチームに入れることは簡単である。難しいのは、その選手がチームの一員としてやっていけるかどうかだ。そのためには、チームにおける役割を与え、納得させることができなければならない。

*12 チャック・デイリー（*Chuck Daly*） 1983年にNBAのデトロイト・ピストンズのヘッドコーチに就任。辞めた92年までにNBAファイナル進出3回、89年と90年の2回のNBA制覇を含めて、毎年NBAプレーオフに出場した。

2 チームワークの育成

チームづくりから得られるもの

チームづくりから得られるものは多い。そのうち、もっとも重要なものは「勝利」と「満足感」の2つである。

❶勝利

チームづくりがうまくいけば、より高い競技レベルでの勝利をめざして邁進できるようになる。その結果、選手の潜在成長力を最大限に引き出すことができ、勝利はより身近となる。そして、チームの目標の達成に向けて努力を集中させれば、勝つ可能性はもっとも大きくなる。また、チーム内の対立やトラブルなどのマイナスリスクを最小限に抑えることによって、より良いチーム力を発揮できるようになる。

チームづくりがうまくいっているかどうかは、チーム力に占めるマイナスリスクの割合からある程度判断できる。チームづくりがうまくいっている場合は、マイナスリスクの割合は少ないので、チームは一丸となってチームの目標に向かって突き進むことができ、チーム力をいかんなく発揮することができる。しかし、そのマイナスリスクの割合が増えるにしたがってチーム力は影響を受けるようになる。例えば、トラブルなどの対応や処理に追われているような場合は、持ち合わせているチーム力はあまり発揮できないと考えてよいだろう。

❷満足感

チームづくりがうまくいっている場合は勝つ可能性はおのずと高くなるけれども、同時に重要なのは、コーチと選手にとってチームづくりがこの上なく楽しいスポーツ経験となることである。

果敢にチャレンジし、勝利の喜びを分かち合う過程において、コーチと選手が味わう一体感と満足感は、何ものにも替え難いものである。

さらなる勝利と満足感を求めるのであれば、才能ある選手を発掘し、チームワークを育成する努力を怠ってはならない。そうやって努力を積み重ねながら、より良いチームづくりに時間をかけることが大切なのである。

個人スポーツとチームスポーツでは異なるチームづくり

チームスポーツにおいては、チームづくりはチームの土台をかたちづくる重要な側面であることは言うまでもない。バスケットボール、アメリカンフットボール、野球、サッカー、バレーボール、ホッケーといった対戦相手とチームで争う競技では、選手間での情報交換が必須であり、そのうえでのシナジー効果（相乗効果）が勝敗を左右する。つまり、チーム内で選手同士がお互いに通じ合うチームワークがつくれるかどうかにかかっているのである。アメリカンフットボールでは、11人の選手がボールを進めてタッチダウンをねらい、相手チームのそれを防ぐ。バスケットボールでは、5人の選手がパスをつなげて高い確率のシュートに結びつくように仕掛ける。野球とソフトボールは、9人の選手が塁上の走者をどう進塁させるかを判断する。こうして見ると、チームワークなくしては、いずれの競技でも勝利を収めるのは難しい。つまり、チームワークは、勝敗を分ける重要な「鍵」となるのである。

いっぽう、個人スポーツにおけるチームづくりはどう考えたらよいのだろうか。テニス、ゴルフ、陸上、水泳、体操などでは、選手個々のパフォーマンスがチームスポーツのように互いのパフォーマンスに直接結びつくことはない。しかし、こうした競技においてもチームづくりは不可欠なのである。単独のパフォーマンスなので試合中はさほどではないかもしれないが、実際の試合以外の場ではお互いに通じ合うことが必要だからである。シーズンを通しても、試合中だけではなく、技術練習やウエイトトレーニング、コンディショニング、メンタルトレーニングなどでチームとして一緒に多くの時間を過ごすからである。

また、競技としては個人であっても、団体戦（ダブルスなど）となれば、絶対にチームワークを重視する必要に迫られる。しかし、必要なトレーニングは各自がおこない、自分ひとりで競技に集中することが基本になっているので、バスケットボールやアメリカンフットボールで言うチームワークとはやや異なるかもしれない。基本的にはコーチが選手個々に要求しているもの、自分自身が望んでいるもの、達成すべきものだけを念頭に置き、日々、それらを最優先して取り組んでいるからである。

したがって、個人スポーツの選手は多くの場合、チームという環境に入りこむときの反応の仕方が、バレーボールやソフトボールなどの選手ほどではないかもしれない。体操、テニス、ゴルフのように個を磨くのに多くの時間を費やすのは当然としても、団体戦では、チーム一丸となって競技に取り組むことを納得させなくてはいけない。

実際には、チームスポーツか個人スポーツかに関係なく、チームづくりにおけるチームワーク育成の成否は、成果を出せるかどうかの絶対的な分かれ目となるのである。

第2章

チームづくりになくてはならないもの

チャンピオンチームに共通する7つの特徴

1 チャンピオンチームに備わる特徴

どのようにしてチャンピオンをめざすチームづくりをしていけばよいのか。このことを考える前に、チャンピオンチームの特徴を見ておきたい。すでに述べているが、チームづくりではフィジカルは不可欠な要素である。率直に言うと、フィジカルで競り合える選手がいなければ話にならない。しかし、だからといって、申し分のないフィジカルを備えた選手がそろっていても、試合に勝てるとは限らない。そこにはチームワークという重要な要素が絡んでいるのである。

チャンピオンチームには共通点が多い。それを7C《セブンシー》（Seven Characteristics＝7つの特徴）としてまとめてみた。種目、所属チーム、ジェンダーなどに関係なく、次のような特徴がある。

チャンピオンチームに共通する7C

❶共通目標(Common Goal：C1)─最終到達点を共有できる

どのチームも、所属カンファレンスでの優勝、あるいは全国レベルの選手権大会で優勝することを目標にしている。この一貫した目標がチームに徹底され、そこに小さな目標がつけ加えられている。コーチングスタッフもサポートスタッフも、とにかくチームが一丸となってこの目標に立ち向かう。カンファレンスや全国レベルの選手権大会で優勝することは生やさしいことではないが、チームには「これがわれわれの進むべき方向であり、最終到達点である」という自覚がみなぎっているのである。

❷コミットメント（Commitment：C2）──決意を持って取り組める

チームが明確な共通目標を定めてシーズンに突入すると、その方向でチームは走り出し、ぶれることはない。そこで一番大切なのは、コーチと選手が全力で、しかも真剣に、共通目標に対してコミットしているかどうかということである。このコミットメントの徹底度は、チャンピオンチームと平凡なチームとでは決定的に違うところで、その差は歴然としている。「優勝したい」と口に出して言うことは簡単なことだが、それを達成するためにどれだけの時間を費やし、どれだけ本気で取り組むことができるかということとは別問題なのである。とりわけ、突発的に生じる想定外の事態や不運なできごとは、どれだけ目標にコミットしているかどうかの試金石となる。チームの共通目標に向かって持続するコミットメントは、チームづくりの成否に直結する重要な要素なのである。

また、チャンピオンチームともなれば、共通目標に対するコミットメントは当然のこととして、さらにはそれにともなう労苦も当然のこととして受け入れる心構えができているのである。なぜならば、それは自分の意思にもとづいて自ら決めたことであり、他人からの命令や示唆で決めたことではないからである。さらには、受け入れたことを自分のこととして考え（当事者意識）、それを持って責任ある行動をするという意識（アカウンタビリティ）も徹底している。選手は誰か一人が足並みを乱せば、それが当人だけではなくチーム全体に影響がおよぶので、やるべきことは全員で責任を持って遂行しなければいけないと認識しているのである。

③特別な役割（Complementary Roles：C3）—足りないところを誰かが補う

チャンピオンチームには、特別な役割を自ら進んで引き受け、毅然として果たそうとする選手が必ずいるものである。チームが協力しながら一致団結して戦うとき、そのような選手はチームの勝利に大きく貢献する。その役割とは、必ずしも目に見えて誰もがやりたがる役割ではなく、むしろ、誰も引き受けそうにない損な役まわりや、きつく、あまり見向きもされないもののほうが多い。しかし、それらはチームの勝利を決定づけるものであり、そのような役割も含めて、選手が個々に役割を担いながらチームの勝敗に関わると、単なる部分のつなぎ合わせからは得られないシナジー効果が発揮されるのである。

しかし、特別な役割を引き受けてくれる選手を募るときに注意しなくてはならないのは、その役割に対して必要以上の期待がかけられ、その選手にとって大きなプレッシャーとなることである。しかし、チャンピオンチームの選手は、自分たちのあらゆる成果には、すべての役割が重なり合っていることを理解している。また、その成果は、選手一人ひとりが個々の役割を自らの意思で受け入れた結果であることもわかっているのである。

❹明瞭なコミュニケーション(Clear Communication：C4)―透明性のある意思疎通ができる

チャンピオンチームには、チーム全体に明瞭なコミュニケーションが保たれている。コーチと選手との間にはお互いに気兼ねなく話せるパイプができているので、いつも気持ちが通じており、目標、作戦戦術、勝利、チーム内の対立などについて曖昧さのない話し合いができる。また、コートやグラウンド以外の場でも明確な意思疎通ができている。したがって、指示を直接伝えられないゲーム状況でも、以心伝心に近いかたちでコーチの指示が選手に伝わり、また、勝利したときには素直に喜びを分かち合うこともできる。コートやグラウンドを離れても、率直に気兼ねなくお互いに「一個人」として語り合えるのである。

❺前向きな対立(Constructive Conflict：C5)―建設的に対立を収束できる

どのようなチームであっても選手の対立でもめることがあり、それはチャンピオンチームであっても同じである。しかし、チャンピオンチームの選手はある種の対立は起こり得るものとしてわきまえているので、そのような事態に遭遇してもうまくコントロールできる。実際にもめたとしても、さらなる団結や結束につながるように収束するので、決してチームの共通目標を見失ってしまうようなことにはならないのである。

❻選手の結束（Cohesion：C6）—お互いにリスペクトしながらまとまる

選手が心からお互いに好感を持ち、リスペクトしている。また、練習やゲームから離れても、映画を見に行く、勉強する、ぶらぶらするといった名目で、大半の選手が一緒に過ごす時間をとても大事にしている。しかし、だからといって、どの選手も「みんなと打ち解けてチーム意識をさらに共有したい」などと仰々しく思っているわけでもない。チームがまとまっているということは、お互いの付き合いをエンジョイし、お互いをリスペクトし合うということなのである。

❼信頼されるコーチング（Credible Coaching：C7）—最後はコーチにゆだねる

最後の〝C〟は、選手に上記6つの〝C〟を育み、組み合わせ、チェックするコーチが存在しているということである。チームには、選手が絶対の信頼を寄せ、可能性を最大限に引き出す手腕と能力を備えたコーチが絶対に必要である。そのようなコーチは、備わっている持ち味を十分に発揮できるところまでチームを導いてくれるに違いない。

ここで述べたチームづくりのための7Cは、チームの根幹をなす特徴である。それは、少年少女野球、中学校女子サッカー、短大バレーボール、大学体操競技、あるいは女子プロバスケットボールであろうとも、チームが成果を収めるうえでの重要な鍵となる。この特徴なくしては、いかに優秀な選手がいようとも、チームの真価を発揮することはできないのである。

2 チームの成長ステージの把握

チームの4つの成長ステージ

チームづくりに入る前に理解しておくべき大切なことがある。すなわち、チームがどのような成長のステージ（段階）をたどるかということである。チームづくりはそれなりの時間を要するプロセスでもある。挫折してはそれを打開していくことは、チームづくりには避けては通れない道のりなのである。

タックマンの研究（Tuckman, 1965）によると、集団の形成はある一定の順序を踏んでいくという。チームの成長をより深く理解しながら、このタックマンの説をチームづくりにどのように生かしていけばよいのか検討してみよう。多くのチームが必ず通り抜けなければならないいくつかの段階を念入りにチェックすることによって、チームに期待できること、あるいは状況に応じた指導の仕方を見つけることができるのである。

前出のパット・ライリー（P5参照）が、チャンピオンチームづくりがそう簡単にはいかないということを示す言葉として、次のように述べている。

あらゆるチームも、あらゆる選手も、目標を達成する途上では、絶対に克服しなければならない試練がある。

では、タックマンの研究をスポーツにあてはめて紹介する。

❶チーム構想を練る段階（Forming：形成期）——第1ステージ

新しいシーズンはチーム構想から始まる。コーチはまず、自分のチームをどのようなチームにするのかという構想を練らなければならない。卒業、引退、けがなどで選手がチームを去っていくいっぽうで、入学、入部、移籍、転学、トライアウトなどで、新しく加入する選手を選考し、人数を増やしていくことになる。コーチングスタッフ、サポートスタッフもシーズンを重ねるうちに顔ぶれや人数は変わっていく。このようなことはチームの組み立てやチームカラーに影響する。多かれ少なかれ、チーム編成の変化にともなって具体的なチームづくりも変わっていく。ともあれ、この第1ステージは、シーズン第1回目のミーティングや練習から始まる。選手がお互いに理解を深めていくことによって、チームカラーが徐々につくられていく。しかしながら、大会の最後まで本当に勝ち進めるどうか半信半疑の者もいるので、チーム全体としては不安定で落ち着かない状態だとも言える。また、シーズンを勝ち抜くことは心の中では固く期していても、だからといって、自分たち一人ひとりがどのような役割を果たすのか、まだはっきりとわかっているわけではない。逆に、年長の選手は新しい選手が入ってきたときには複雑な思いでいる。その選手がチームに役立ちそうか、あるいは自分のポジションを奪われ、出場時間が減ってしまうのではないかと気をもむからである。うわべでは新しい選手がチームにとけこみやすい雰囲気を装うが、内心では疑問や焦りを抱いているのである。

②チームがもめる段階(Storming：混乱期)――第2ステージ

選手が異口同音に要求、難問、不安な気持ちを口にし始める。お互いに嫌悪感を募らせる選手が出始め、チーム内に動揺が走る。ふつう、シーズンが始まって数週間でこういう状態になる。選手にはそれぞれの個性と言い分があるので、当然ながらスタッフとの間で対立が生じる。そして、コーチが選手を評価するのと同様に、選手もコーチの品定めをする。選手は素直だ。水面下では、スタメンに入ることができるか、チームのリーダーを任せてもらえるのか、といったチャンスをひそかにねらっている。ときには常識はずれの言い分やひどい態度があらわになることもある。しかし、並行してこの時期になると、どの選手がどの立場でどのような役割を与えられるのか、どのくらいの出場時間を与えられるのか、といったことが一気に見えてくる。コーチとしてよく胸に刻みこんでおいてもらいたい。すなわち選手には、自分にとってプラスになるのか、あるいは他の選手にどう貢献できるのか、といった期待感とライバル意識が混在しているのである。当然ながら、お互いに自分が抱く期待や願望が衝突すると、チーム内に対立が生まれる。

この第2ステージは、チームが育っていく過程で避けては通れない重要な段階ではあるが、そのことを正確に見抜けているコーチは意外と少ない。予期しなかったもめごとを一過性のものとして避けようとするのではなく、うまく調整して選手やチームの成長につなげていくことが、コーチとしての責務である。もめごとに正面から向き合い、解決していくコーチの姿こそがもっとも重要なのである。いっぽうで、コーチとしては、チームづくりにおけるこの時期に全員が常にまとまることはあり得ない、ということを心に留めておく必要もある。大切なのは、どうやってもめている事態から脱け出すことができるのか、ということなのである。

③チーム規範が意識され始める段階(Norming：統一期)――第3ステージ

チームがうまくいくにはどうしたらよいのかということを選手が考え始め、チーム規範（行動や判断の基準）やチームでの取り決め（練習のルール、生活での約束ごと）をおこなう段階である。その適用範囲は練習やトレーニングだけにとどまらず、授業や日常生活までの多岐にわたる。チームで公表して確認し合うこともあるが、たいていは時間が経つにつれて、チームのやり方として暗黙のうちに守られていくようになる。

チーム規範は、チームが成果を出せるか出せないかにはかり知れないほどの影響をおよぼす。コーチの立場からすると、チーム規範にもとづいて勝つための環境が整えられることが非常に重要なのである。したがって、例えば業績不振の企業にありがちな「まあ、認められる程度に適当に仕事しなさい」というような規範では話にならないのである。

④チームが力を発揮し始める段階（Performing：成熟期）——第4ステージ

このステージは、前の第3ステージと因果関係にある。というのは、第3ステージで選手が決めたチーム規範が効果的に機能すれば、この第4ステージは連鎖的に生まれるからである。チームは間違いなく勢いづき、自信と結束がみなぎるようになる。選手はお互いに何を期待されているかがわかっているので、選手個々の気持ちが充実し、一体感や信頼感が形成されるようになる。この段階になれば、コーチは選手に対してシーズンの最後にチームを最高の状態に持っていくこと（ピーキング）の重要さを言い聞かせることができる。逆に、この段階はまさしくピークでなければならないし、コーチもチームをそうなるように引っ張っていかなければならない。あたかも手入れが行き届いた機械の歯車のように、チームは一心同体になっているはずである。

けれども、シーズンの勝負所で必ずそうなっているという保証はない。第2ステージでのもめごとを第3ステージでうまく収束させ、それだけにとどまらず、この第4ステージにチームがたどり着けるように、コーチも選手も、チーム規範を徹底しなければならないのである。

誰もが知るあの〝自動車王〟の**ヘンリー・フォード**＊13が「奉仕を主とする事業は栄え、利得を主とする事業は衰える」と述べている。「事業」を「チーム」、「利得」を「勝利」という言葉に置き換えてみると、非常に示唆に富んだ名言である。次のような言葉を残している。

ひとつになることがスタート、それを維持することが前進、一体となって仕事することが成功。

＊13●ヘンリー・フォード（*Henry Ford*）「最良の労働者を雇い続けることも効率向上の手段」とし、1914年に熟練労働者の最低日給を従来の2・34ドルから2倍の5ドルへ引き上げ、世界を驚かせた。これで新規労働者の雇用が不要となり、デトロイトで最上の機械工が集まり、生産性が向上した。

コーチの仕事は、この4つのステージを経て、チームが成長していくのを促す先導役を担うことである。しかし、これらのステージはひとつの目安にはなるが、すべてのチームが必ずその通りにいくわけではない。コーチがステージの特徴をよく把握していなかったり、あるいは勝つチームに仕上げたいと先を急ぎすぎたりすると、問題が生ずる。

とくに、シーズン中に急に新しい目標を要求すると、チームは4つのステージを行ったり来たりの状況に陥る。けが、内輪もめ、思わぬ連敗などは、第3ステージ（チーム規範が意識され始める段階）から第2ステージ（チームがもめる段階）に後退する要因となる。すでに述べたように、チームづくりは複雑で絶え間なく変化するプロセスであるので、絶えずあらゆる角度からチームの状況を見守り、多岐にわたって修正を続けていくことが不可欠なのである。

NBAで通算11度のファイナル制覇を誇る名将**フィル・ジャクソン**[*14]が、次のように述懐している。

チームがひとつにまとまっていくには時間がかかる。勝つチームに仕上げていこうとするチャレンジは我慢の一語につきる。川の流れを急に変えたり、収穫の時期を急に早めたりすることは、実際にはやろうとしてもできないのである。

＊14●フィル・ジャクソン（*Phil Jackson*）　1980年代末からNBAシカゴ・ブルズの監督に就任し、6度のNBAファイナル優勝を果たした。99年よりロサンゼルス・レイカーズのヘッドコーチとなり3連覇。ヘッドコーチとしての11度の優勝はリーグ最多の名将。古今東西の思想に通じ、とくに禅については造詣が深く、禅導師を意味する「ゼン・マスター」というあだ名があるほど。

チームづくりの問題点

各成長段階におけるチーム状況を注意して見ていると、ほとんどの問題はチームがもめる段階（第2ステージ）から抜け出せない状況下で起こっている。チームのもめごとが起こったとき、選手たちの解決能力が欠如していて、意見のくい違いをうまくまとめていくバランス感覚がないと、時間が経つにつれて事態はどんどん深刻になっていく。その対立で傷ついた気持ちはもはや修復のしようがなく、わだかまりを隠そうともせず、醜いまでに怒りをあらわにする。第8章（前向きな対立、P169〜）では、その解決方法や解決への見通しを示している。

なかには、第2ステージ（チームがもめる段階）のもめごとに決着をつけずにやりすごしてしまうチームもある。しかし、そのようなチーム規範では生ぬるいので、やがてチームがバラバラになってしまう。コーチが注意深く見守らないと、コーチが思い描く状況とは裏腹のひどい状態になってしまう。「適当にやっておけばよい」「自分のことだけ考えていればよい」「コーチは気に入っていることだけをやる」というようなチーム状況に陥ってしまうと、せっかくチームが秘めている可能性を引き出せなくなってしまう。

チーム規範がゆるいと、チームの成長は停滞してしまう。そういうとき、コーチは意図的にチームの状態を第2ステージに戻して根本的にやり直そうとする。それは、チームでの取り決めや選手の態度に問題があり、それがチームの成長を阻害していると考えるからである。しかし、コーチの本来の使命は、選手たちに自分たちで決めた目標を確認させ、態度を改めさせることである。そのためには、チームがより良い規範を築き上げることができるように導いていかなければならない。もちろん、場合によっては強制的に指導することも辞さないスタンスも必要になってくる。

3　7Cを用いたチームづくりの手順

この章では、チャンピオンチームが備えている特徴やチームの成長段階など、言いかえれば、チームづくりの到達目標や成果についての概要を述べてきた。それでは、選手がやる気を出し、共通目標を意識し、さらにはチームとしてまとまるにはどうすればよいのだろうか。ここではチームづくりの手順を考えていく。この手順は、チームの成長段階を考慮しつつ、優れたチームに備わっている長所を伸ばすことができるように考えられている。コーチは自分のチームにしかない特徴を生かしながら、チームづくりに役立つ枠組みとして利用してもらいたい。ただし、コーチ自身がそれまで培ってきた信念のようなものは大切にするべきである。本書で述べていることは一つの参考例として柔軟にとらえ、自分のチームにもっとも適するように修正しながら取り入れていくことが重要であろう。

最高の成果がともなうチームづくりをめざしたとしても、そのための完全な方法は存在しない。

コーチングではよく言われることだが、チームはさまざまな状況に遭遇するので、コーチが間違いないと思ったときのひらめきや直感もチームづくりには欠かせない要素なのである。

チームづくりの具体的な手順を考える際の基本的な枠組みには、次の4つのステップがある。

●——チームづくりの4つのステップ

①チームに関係するあらゆる情報・資料を集める——第1ステップ

チームづくりに際して最初におこなわなければならないのは、チームに関する可能な限りの情報・資料の収集である。一見、これは膨大な作業のように思える。しかし、それまでチームに寄り添ってきたコーチなら、すでに多くを集めているはずである。初めて専任になったコーチや経験の浅いルーキーコーチであれば、先輩コーチたち以上に収集に努めなければならないかもしれない。

シーズンに入り、コーチとしての時間が経過していくにしたがって、チームのこれまでの歩み、内々の事情、人間関係などについて多くのことが目に映り、耳から入り始める。もっとも大事なのは、チームの詳しいスカウティングレポートを集めることである。「知るは力なり」ということを忘れないことである。就任時からよく知っていれば知っているほど、チームに対応していけるであろう。

コーチングの領域に参考になる優れた本が何冊も刊行されている。例を挙げれば、実業家のハービー・マッケイの『*Swim with the Sharks Without Being Eaten Alive*』(『マッケイのビジネス必勝講座─ここで差がつく成功レッスン80』、ダイヤモンド社、1988年)である。マッケイは、やがて顧客になると見こまれる客と面談する前に、あらかじめ、その人物と会社について可能な限りの下調べをしておくという。自作の「マッケイ顧客プロフィール66」と名付けた顧客簿に従って、ビジネスの将来性、家族の暮らし、コミュニティとの結びつきなどの66項目をチェックし、その結果を頭の中に叩きこんでおく。そうすることによって、具体的に商談をどのように進めていけばよいのかが見えてくるのである。チームづくりにおいても同様で、自分が知らなかったがために窮地に立たされるような事態を避けるためにも、指導し始める前に、チーム内の人間関係を念入りに調べておく必要がある。以下に示すことは、チームづくりに関わる際に、少なくとも知っておいたほうがよいであろう。

(1)歴代通算戦績……創部以来の、こんにちまでのチームの成績。一度でもカンファレンスでの優勝経験があるのか、ないのか。州選手権で優勝したことがあるのか、ないのか。

(2)チームリーダー……誰がチーム内の中心的存在になっているのか。それがプラスの状況なのか、マイナスの状況なのか。

(3)影響力を持つ存在……チーム内で選手ににらみが効くのは誰か(トレーナー? マネジャー? コンディショニングコーチ?)。

(4)許される範囲の選手の個人情報……どのような家族構成なのか。どのような経緯で入部してきたのか。

(5)人間関係……チーム内で気が合うのは誰と誰か。反目し合うのは誰と誰か。

(6)経験値……経験を積んだ〝上級生中心のチーム〟なのか、それとも〝新入生や下級生中心のチーム〟なのか。スタメンに復帰した選手は何人か。ゲーム出場時間を競うライバル関係は。

(7)コーチへの信頼性……選手がコーチを尊敬し、信用しているか。

❷チーム状況の客観的な分析と評価——第2ステップ

シーズンに入る前に、コーチングスタッフとはじっくりとチームの状況を客観的に分析し、さまざまなことを検討しておかなくてはならない。次のような観点から、正確で見落としのない一覧表を作成するとよい。

①選手の体力とその強化方針　②チームづくりで大きな妨げになること　③チームの結果に直結するもっとも重要なこと　④チーム内のムードや雰囲気を変える存在感を持っている者　⑤復帰選手の有無

(1)7Cを踏まえたチームアンケートの実施

客観的で広範囲かつ詳細なチーム分析には「チームアンケート」（P34〜37）を用いる。

このアンケートの結果から、チームづくりのための７Ｃの一つひとつをじっくり吟味してもらいたい。このアンケートをシーズンが始まってから実施するのであれば、コーチはすべての設問に回答できる。シーズンが終わって、次のシーズンの開始前や新年度シーズンのスタート直後であれば、回答が難しい質問も含まれている。しかし、前シーズンを省みるとき、あるいは新シーズンに入って少なくとも2～3週間経った時点では使えるのではないだろうか。コーチングスタッフと選手がどのようなことを胸に抱いて新年度シーズンに臨もうとしているのか、その本音をより的確につかめる。

また、このアンケートは選手に答えさせることも想定している。無記名の回答なので、選手の率直な声を聞くことができるからである。選手に気兼ねなく回答させることができれば、その結果はコーチにとってかなり有用な資料となる。７Ｃを念頭に置いて、選手と話し合いながら、チームづくりを始める足がかりにしてもらいたい。

(2) チームアンケートの判定と評価

〈合計得点〉

▽98～112＝素晴らしい……チームは目標達成に邁進している。

▽84～97＝良好……修正は必要だが、全般的にうまくいっている。

▽70～83＝可もなく不可もなく……チームがうまくいっている間に、修正すべきことを修正しておく。

▽56～69＝劣悪……チームは相当ひどい状態。修正にかなりの時間がかかる。

チームアンケート

これはあなたのチームの長所や改善点をつかむ参考になるようにつくってあります。各設問を読んで、次の1～4の尺度にしたがって、もっともあてはまると思う数字に○を付けてください。

1＝絶対にそう思わない
2＝そうとは思わない
3＝そう思う
4＝絶対にそう思う

❶ 共通目標

1 チームにはシーズン通して追求する明確な達成目標が決められている。 1 2 3 4

2 チームにはシーズンの初めに決めた目標の達成能力と可能性を持っていると確信している。 1 2 3 4

3 みんなで決めたチーム規範は目標達成に役立つと思う。 1 2 3 4

4 チームの全員がチームの同じ目標に向かってがんばっていると思う。 1 2 3 4

▼小計（　　　）

❷ コミットメント

5 チームにはメンバーとしての強い責任意識がある（その意識が薄弱な者はいない）。 1 2 3 4

6 練習開始時刻よりも早く来る者がいるし、練習が終わっても自ら居残り特訓をやる者もいる。 1 2 3 4

7 ほぼ全員の者がチームの勝利を究極の目標としている。 1 2 3 4

8 チームに問題が起き逆境に立たされても辛抱強くしのいでいる。 1 2 3 4

▼小計（　　）

❸ 特別な役割

9 選手は「チームの勝利のためにプレーしなければならない」ことを明確に理解している。 1 2 3 4

10 コーチも選手も〝控え選手〟役を始め、すべての役割についてその価値を認めている。 1 2 3 4

11 チームの全員が自分に与えられた役割を受け入れ、同意してその役割を果たしている。 1 2 3 4

12 選手はそれがチームのためになるなら、個人の犠牲をいとわない。 1 2 3 4

▼小計（　　）

❹ 明瞭なコミュニケーション

13 コーチと選手との間のコミュニケーションは率直で、透明性があり、効果的だ。 1 2 3 4

14 選手同士のコミュニケーションも率直で、透明性があり、効果的だ。 1 2 3 4

15 大会のゲームなどにおけるコミュニケーションは効果的にできている。 1 2 3 4

16 コーチと選手はお互いの言うことによく耳を傾け、雰囲気にもお互いによく気を配っている。 1 2 3 4

▼小計（　　）

⑤ 前向きな対立

17 チームはもめごとが起きて対立が表面化しても次につながるようにまとまる。 1 2 3 4

18 選手は普通お互いにささいな相違があることに納得し合っている。 1 2 3 4

19 選手はお互いを信じ合っており、陰でこそこそとささやき合うようなことはしない。 1 2 3 4

20 試合にはコート外の個人的いがみ合いは絶対に持ち込まない。 1 2 3 4

▼小計（　　）

⑥ 選手の結束

21 ゲームや練習が終わったあとでも仲間と一緒に過ごすことは嫌ではない。 1 2 3 4

22 選手たちは概ねお互いを尊敬し合い、信頼し合っている。 1 2 3 4

23 外部から批判を受けたりすると、お互いにカバーし合って支え合う。 1 2 3 4

24 仲間たちが問題を抱えているとき、お互いがヘルプし合い、気を配り合う。 1 2 3 4

▼小計（　　）

❼ 信頼されるコーチング

25 選手はコーチのことを「信用ができ、能力があり、気を遣ってくれる人」だと信じている。 1 2 3 4

26 コーチたちはチームには概ね好意的だ。 1 2 3 4

27 チームには選手やキャプテンの、好ましくてたくましく、積極的なリーダーシップがある。 1 2 3 4

28 コーチはチームが目標達成に向かうのを力強くあと押ししてくれる状況をつくってくれる。 1 2 3 4

▼小計（　　）

○を付け終わったら、まず❶～❼の各小計得点を出してください。それから、最後に総得点を書いてください。

▼**総得点**

▽42〜55＝危険……チームの立て直しのために、コーチとしての資質が問われる危ない状態にある。
▽42以下＝最悪……いまのチームをすぐに辞めるか、新しい職を探すことを考えるべき。

〈7Cの各領域の得点と評価〉
▽14〜16＝素晴らしい
▽11〜13＝良好
▽10　＝可もなく不可もなく
▽7〜9＝劣悪
▽4〜6＝危険

7Cのどの部分を受け入れることができるのか、どの部分に修正が必要なのか、よく吟味しなければならない。選手がコーチをどのように評価していようとも、「チームケミストリーはシーズン中、流動状態にある」ということを忘れないでほしい。すなわち、選手に高く評価されたコーチは油断禁物であるし、低い評価をされたコーチは、それがいかに酷評であろうとも、望みはあるかもしれないということである。シーズンが変われば評価が大きく変わる可能性もあり得る。結局のところ、コーチはチームを再び軌道に乗せるのに必要なコミットメントを示したことになる。コーチとしての弱点、至らなさを修正していく努力の過程で、利用できそうな発想やひらめきを探し出してほしい。

チームアンケートは、シーズンを通して、自身のコーチ力を注視し続けるためのツールである。そういう意味では、シーズン中は定期的に実施することを勧める。できれば毎月実施するのがよい。効果や成果を出しているときは選手を褒め、逆に選手が低く評価している部分については、どうしたら修正できるかについて選手と話し合わなければならない。選手の〝声なきサイン〟を見逃さないように心がければ、コーチにも選手にも良い影響をおよぼすに違いない。

このような総合的な検討をもとに、成果を収めるシーズンにするために、どのようなことを考えるべきなのだろうか。たいていのコーチが考えがちなことは「勝つか負けるか」だが、そういうことではない。チームの実態をきちんと把握し、単なる絵空事ではない「ここまでは絶対に勝ち進むぞ」という目標を設定することこそが大切なのである。普通、前のシーズンが終わると、新たな目標はおのずと浮かんでくる。身近にいるコーチングスタッフとともに結果を分析し、それぞれが持っている情報と見通しを出し合い、時間をかけて話し合わなければならない。

③チームアンケートを踏まえた方策を考える——第3ステップ

チームアンケートの結果をもとにしたチームの評価・分析が終わったら、次は、支持されている点を維持し、支持されていない点を改善する方策を考え、具体的な修正方法を準備することが必要となる。改めてコーチングスタッフ、サポートスタッフ、あるいは外部のコーチ仲間と話し合うことが、新しい発想やアイディアが浮かぶきっかけとなる。チームづくりにおいて、7Cをひとつずつ確実にしていくために必要な具体的な修正方法を、第3章以降で紹介する。

❹決めた方策を実行し、次に向けての分析・評価をおこなう——第4ステップ

前のステップで具体的な修正方法を準備できたら、次のステップは、的確にそれを実行することである。どの方法をどのようにおこなわせるのか、その手はずを決めなければいけない。さらには、決めた方法をおこなわせた後、その効果についてじっくり分析と評価をおこない、次につなげなければならない。

〈文献〉

・Mackay, H. (1988). *Swim with the sharks without being eaten alive.* New York, Ivy Books.

・Tuckman B. W. (1965). Development sequence in small groups, *Psychological Bulletin*, 63, 384-399.

第3章

チームの共通目標

最終到達点をどのように
チームで共有するか（C1）

1 最終到達目標の意味

長距離カーレース

チームづくりは、そのシーズンにどのようなことを共通目標とするのかじっくり話し合い、それを決めることから始まる。

共通目標をきちんと立てることがいかに重要であるかをわかってもらうために、長距離カーレースを例にして述べたい。参加するのはすべて違う車種と構造のクルマだ。ハイテクを駆使したスーパーカーに匹敵するクルマ、悪路でもびくともしない頑丈さだけが売りのクルマ、時速80㎞を超えるとガタガタと揺れ始める華奢なクルマなど、さまざまである。それでも乗りこんでいるすべてのレーサーは、最終地点まで絶対に走破するという決意で挑戦する。しかしときには、走行能力を著しくそこなうメカニクスの問題が発生し、ゴールまでの走破が危うくなってしまう場合もある。

それに、スピードが優っているクルマだけが常にレースに勝つわけではない。スポーツでも、一流の才能が集まったチームが常に優勝するとは限らない。「勝利＝才能＋チームワーク」（Ｐ６）ということを胸に刻みこんでおいてもらいたい。もし、クルマがしっかり整備されておらず、タイヤのパンクやエンジン故障などのトラブルを起こしたときに即応できなかったら、そのクルマはレースからリタイアしたのも同然である。しかし、最高級のレーシングカーでなく中古のレーシングカーでも、ていねいに手入れし、すべてのシリンダーにきれいなオイルが注入してあれば、高級レーシングカーを追い抜くことができる。

スタートまでの間に、サポートチームがクルマを入念に点検・整備し、関連情報を集めておくことと、スポーツでチームが新しいシーズンを迎えるときに確認すべきことは、以下のような観点でよく似ている。

- めざす最終ゴールはどこか。
- 到着後の表彰はあるのか。
- なぜ、ゴールをめざしたいのか。
- レースに関係するすべてのサポートメンバー、レーサーは本気でゴールをめざす気があるのか。
- スタートからゴールまでどのように走り抜くのか。
- どのルートがベストか。
- 地形と道路状況はどうなっているのか。
- 自分が乗る車種（モデル、年式）は何か。
- 他の出場者はどのようなクルマなのか。
- クルマはよく整備が行き届き、スタートの準備はできているか。

- タイヤのパンクやエンジン故障などのトラブルが発生したときの備えは大丈夫か。
- 途中で修理しなくてはいけないときに必要な工具類は積載してあるか。

スポーツのチームにおいても、自分たちが立てた目標をしっかりと達成していく大切さを理解させるために、こういうカーレースのチェック項目はヒントになるのではないだろうか。

いつまでも残るレガシー

ステファン・コビー[*15]の『*The Seven Habits of Highly Effective People*』(『7つの習慣―成功には原則があった』、キングベアー出版、1996年)に触れておきたい。この中でコビーは、アメリカの各界で過去に成功を収めた人びとの人生を調べ、成功者にはいくつかの〝共通する習慣〟が存在し、時間をかけながら順序を踏んでそれらを実践していくことが成功の秘訣である、と説いている。その7つの習慣の概要は次のようなことである。

(1) **主体性を発揮する**……環境や条件に責任転嫁することなく、どんな状況・相手であろうとも自分の意思で行動を起こし、責任と覚悟を持って臨む。

(2) **物事に着手する時点で最終的な状況を思い描く**……これから自分が進むべき方向性、達成したい目的を定め、その最終状況を想定しておく。

(3) **最優先すべきことから始める**……規則正しい生活リズムをつくって、物事に優先順位をつける。そして、まず初めにやるべきことから率先して取りかかる。

(4)全員が勝者（Win-Winの関係）になるように考える……すべての人間関係において、利益や喜びを自分だけではなく、関係するすべて人と分かち合えるように全力を注ぐ。

(5)まず相手を理解する、そして、自分を理解してもらう……先に相手が話すことによく耳を傾けて理解すること、それから、自分を理解してもらえるように努める。

(6)相乗効果（シナジー効果）を生み出す……自分と他者との意見のくい違いが生じたとき、自説を押し通すのではなく、また他者の意見に迎合するのでもなく、自他の相異を尊重して長所としてとらえ、それを生かした「第三案」を考え出す。

(7)自分を磨く……日頃から自分（身体、精神、知性、情緒、社会性など）のバランス良い維持に心がけ、さらにアップさせることを怠らない。

このコピーの書はこんにちなお書店の書架に置かれているビジネス書のロングセラーである。

しかし、スポーツの世界でもチームづくりの苦楽を経験しているコーチなら、うなずくところが多いのではないか。

また、コピーは「人びとはレガシーを残すために生まれてくる」とし、「スポーツの世界では新記録の樹立や更新、優勝することでレガシーを残そうとする」と述べている。言われてみれば、確かに、選手は現役中に、コーチは在任中に、「レガシーを残そう」と強く期す思いがある。選手は自身がチーム、町、州、国内、世界で優秀な存在であると認められたい。コーチは独創的な勝利の方程式をつくり、優れた選手を育て、立派な戦績を積み重ねて一目置かれる存在になりたい。すなわち、どのチームの選手もコーチも、自分たちの学校、カンファレンス、ディビジョンでレガシーを残そうとするのである。NFL（全米フットボール・リーグ）では1980年代のサンフランシスコ・49ers、NBAでは90年代のシカゴ・ブルズのように、多くのレガシーを残したチームがある。どんなに単純であれ壮大であれ、そのレガシーからインスピレーション、モチベーション、コミットメントの源を見つけると、コーチは自分のチームにとって望ましいレガシーを追い求め、実現していく。

コビーが言う〝7つの習慣〟の2番目は「物事に着手する時点で最終的な状況を思い描いている」ことである。チームは、まず、どのようなレガシーを残したいかを決め、それからその実現に向かって始動すべきである。このことはチームの活動をシーズン終盤に向かって集中させることから始まる。つまり、シーズンの練習初日までに、コーチと選手たちは取り組み方をじっくり相談し、結論を出さなければならない

＊15●ステファン・コビー（*Stephen R. Covey*）ビジネスの世界に大きな影響力を持つ経営コンサルタントで、リーダーシップ研究の第一人者。自著『*The Seven Habits of Highly Effective People*』は20世紀でもっとも影響力のあるビジネス書と評され、世界で2000万部以上というベストセラーとなった。ビジネス書に分類されがちだが、人間の生活を広く取り扱っているので、思想、人生論・教訓、自己啓発などに分類される場合もあるという。

達成可能な目標

コーチと選手が話し合うべきことは「全身全霊を捧げるなら、どんなことを成し遂げられるか？」「チームが一致団結してプレーできたら、どこまで勝ち進めるか？」「楽しさや満足感を得るようにするには、どんなシーズンにしたらよいか？」などである。ここからモチベーションが生まれ、新しいシーズンの目標達成に向けて最初の一歩を踏み出すことになる。チームがシーズンを通じてがんばれるのは「目標」があるからで、それが達成意欲、あくなき追求となり、そしてレガシーをもたらす。

誰が残したか明らかではないが、左に示すような言葉がある。大切なことはまさに「やろうとすることがあるのか、ないのか」なのである。

> 何かやるべきことがあるのでチームにいるのか。それとも、まだはっきり決めていないが、何かをやろうと思ってチームにいるのか？

1970年代後半からNCAA、NBAなど、全米男子バスケットボールの世界で偉大な業績を残している名将**リック・ピティーノ**[*16]が次のように述べている。

組織であろうと、チームであろうと、会社であろうと、そこで自分の立場を持ち、大切なことに関わらないといけない。

＊16 リック・ピティーノ（*Rick Pitino*）　プロビデンス大学、ケンタッキー大学、ルイビル大学をNCAA選手権ファイナルに導き、2大学を優勝させた唯一のコーチ。NBAではニューヨーク・ニックスを2シーズン、ボストン・セルティックスを約4シーズンほど率いた。ディーン・スミス、マイク・シャシェフスキー、ジャック・ガードナーといったNCAAの錚々たるレジェンドコーチと並ぶ偉大な業績を残した。

2　挑戦的で現実的な目標のつくり方

シーズンの達成目標は、チーム力を綿密に分析して決定すべきものである。チームには達成する能力が備わっているのか、そして達成する意欲はあるのか、という2点をじっくり考えなければならない。すなわち、「能力」と「意欲」のバランスによって、達成できそうな目標が定まるのである。それらのバランスがとれた目標でないと、焦燥感と無力感にさいなまれることになる。

「能力」については、メンバー編成、競技日程、過去の競技成績などを勘案しなければならない。

そして、「意欲」は、チームのモチベーションとコミットメント次第である。

アリゾナ大学男子バスケットボールチームは、アリゾナ州、オレゴン州、カリフォルニア州、ワシントン州の強豪校10校で構成されるパック10（ディビジョンⅠ）というカンファレンスに所属している。ある年のことだったが、チームはシーズン目標を「所属カンファレンス戦での無敗のタイトル制覇」とした。これはまさに選手が挑戦するのにふさわしい、また、賞賛に値する目標だ。ところが、これまでカンファレンス戦で無敗を貫き通せたチームはない。さすがに選手も「ちょっと現実離れしているかもしれない」ということがわかった。それに、NCAA選手権優勝が最終目標だとしても、まず出場権を得ることが大前提である。だから、NCAA選手権出場権を獲得できるのなら、カンファレンス戦に多少の取りこぼしがあっても大丈夫、と判断していた。つまり、チームが目標にコミットしていなかったのである。

チームの「能力と意欲」がきちんと噛み合っていないと、間違いなくチームに問題と挫折感が生じる。いくらチームが高い目標を掲げても、能力がともなっていないのなら、目標の達成は夢のまた夢になってしまう。逆に、優れた能力があっても意欲がなかったら挫折感に襲われる。これからいくつかのケースを考察してみる。

チームにおける能力と意欲のバランス

❶意欲はあっても、能力が追いついていないチーム

新しいシーズンの共通目標を立てるとき、やるからにはと気持ちだけが先行し、思いこみだけで「NCAA選手権優勝」を目標に掲げるチームはいくつもある。コーチの本音としては、シーズンを乗り切るまでチーム全体の緊張感と集中力を維持できるので、選手には「優勝」を共通目標にしてほしいものである。しかし、前のシーズンに経験不足、力量不足、厳しい日程に対するタフネスの欠如などが露呈し、例えば0勝25敗という最悪の戦績に終わったチームには、どう考えても「優勝」という共通目標の達成は無理である。まさに現実離れした共通目標としか言いようがない。

大学フットボールでも、パック10は多くの全米王者を輩出している、まさに強豪校がしのぎを削る激戦カンファレンスである。実を言うと、アリゾナ州には、チームの力量とカンファレンスの競技水準の高さを天びんにかけて、「優勝にはほど遠いが、勝敗五分ならまずまず。あわよくば全米王者決定戦に出場できたら上出来」という共通目標を立てるチームがある。これを達成すれば、優勝しなくても高く評価されるからだ。つまり、いくら意欲があっても、「優勝」に見合う能力がなければ、明らかに現実離れした共通目標であり、修正する必要があるのである。

❷能力があるにもかかわらず、意欲がともなわないチーム

コーチやファンには非常に耐えがたく、もっとも失望させられる事態だろう。体格、体力、スピードなどのデータを見る限り勝てるはずなのだ。しかし、勝ち切るだけのモチベーションやコミットメントがともなっていないのである。

1990年代の初めに、アリゾナ大学男子バスケットボールチームがNCAA選手権で早々と敗退してしまったことがある。最大の敗因は、何よりもモチベーションの欠如だったとされる。チームには将来、NBAからドラフト候補になると期待される好選手がいた。ところが、はるか格下のチームにくい下がられ、根負けしてしまったのである。まさに、能力に恵まれているのに目標達成のモチベーションが弱いチームの例である。

これは、燃え尽き症候群、あるいはプレーにも影響をおよぼすような個人的問題が原因になっている。燃え尽き症候群はコミュニケーションの断絶を生み、コーチ不信以上に深刻なチーム内の対立を起こす。こうなると、プレーを楽しむ気持ちや競り合いの気持ちが、選手からほぼ消えてしまう。つまり、目標達成どころの話ではなくなってくるのである。

❸能力も意欲も申し分ないチーム

何も言うことがなく、もっとも理想的なチームの状態である。コーチとしては最高に恵まれた

チーム環境であり、選手に対してもチームスタッフに対しても、感謝の一言に尽きるであろう。能力と意欲が高いところでバランスがとれているので、選手は自分のポテンシャルを余すところなく発揮しようと努力する。さらに、チームで決めた目標の達成に全力で取り組む。リーグ戦の連戦連勝や選手権の制覇といった最高水準の目標を掲げ、その達成に向けてチームはひたすら邁進するだろう。

④能力も意欲も備わっていないチーム

もし能力も勝利を追い求める意欲もないチーム状態なら、コーチは方針転換して新人探しにすべての時間を費やすか、そうでなければ転職活動が必要になる。冗談ではなく、「チームづくりは出直し」と考えるべきであろう。勝てるチームにするためには、いまの選手に見切りをつけ、より才能のある選手を探し始めることとなる。チームづくりの〝出直し〟では、初めから勝敗にこだわるよりも、ゲームを経験させることによって、競り合いの感覚を身につけさせることが重要となる。

幸いにも、困難なチームづくりをやり遂げ、優勝をねらうチームへと一変させたコーチの例はある。ゲーリー・バーネットが指揮を執ったノースウエスタン大学フットボールチーム、ビル・スナイダーが手がけたカンザス州立大学フットボールチーム、リュート・オルソンが指導したアリゾナ大学バスケットボールチーム、ビル・フェンリーが指揮を執ったアイオワ州立大学女子バスケットボールチームなど、枚挙にいとまがない。

ともかく、自分のチームに能力も意欲もないと気づいたら、ゲーリー・バーネットが書いた『*High Hopes*（大いなる希望）』の一読を勧めたい。1991年後半にバーネットがコロラド大学からノースウエスタン大学に移ったとき、チームはまさに〝ドアマットチーム〟（他のチームに踏みつけられっ放しの弱いチーム）そのものだった。しかし、新コーチとして全学生に紹介されたとき、彼は「ローズボウル（アメリカで伝統のあるフットボールの選手権大会）に必ず出場するぞ」と公言したばかりでなく、95年にはその公言（目標）を本当に達成してしまったのである。このなかで彼は「能力も意欲も失ってしまったチームの再活性化には、チームに〝明日の夢〟を植えつけることが不可欠である。コーチとしては、長期にわたっても衰えない忍耐力と闘志が必要であった」とも述べている。

3　目標への道程

目標が決まるとチームはその達成に集中する。うまくいけば、2～3回戦の敗退チームが優勝をねらうチームへと変貌する可能性も出てくるかもしれない。

目標にたどり着くまで集中して努力するプロセスは、登山を例にするとわかりやすい。

頂上まで登りきることが達成目標であることは言うまでもないが、登山家は、まずは登る山を決めなければならない。その山の魅力や登頂にいたる難度も決める理由になる。登りたい山を決めると、次は登頂に必要な準備へと移り、ルート、機材、装具の検討に没頭する。そして、登頂成功に必要な人員配置、登頂計画などの確認に多くの時間をかける。

ひとたび登り始めたら、ひたすら眼前の状況に全力を注ぐ。もし登っている最中に眼前の状況から目をそらしてしまうと、滑落、けが、最悪の場合は命を落とすことにもなりかねない。したがって、登頂の際に重要なのは「目の前のことに全力を尽くす」ことである。一歩ずつ着実に登れば、それがやがて登頂成功という目標に近づくことになる。

本題に戻ろう。選手がシーズンインするとき、「さあ！　みんなでやり遂げよう！」と誓い合う目標をまず決めなければならない。そして、いざシーズンが始まると、毎日の練習やトレーニングに向き合う。その充実した練習の日々を、山を登るように大切に積み重ねていけば、優勝という最高峰に到達できる位置に立てるだろう。

目標達成のための5つの方法

❶目標をコントロールできる大きさに細分化する

成果を出そうと努力する選手に、コーチは目標を細分化したうえで、その一つひとつをちょうどモザイク画を完成させるように課していく。ある大学のバスケットボールチームを例にして考えてみる。

(1)カンファレンス戦に向けてのチーム目標

最終目標：ファイナルズ優勝

途上目標：リーグ戦13勝3敗

(2)リバウンドの目標

最終目標：相手のリバウンドを5つに抑える

途上目標：90％のリバウンドポジションの確保と90％のボックスアウト

(3)シュートの目標

最終目標：シュート成功率48％以上

途上目標：ノーマークでの確率の高いシュート、あるいはスクリーンを利用したシュートの本数(例えば、ノースカロライナ大学は試合中のスクリーン成功率を把握している)

(4)ディフェンスの目標

最終目標：相手チームの得点チャンスを抑えこむ

途上目標：スティール、ブロックショット、パスコースディナイ（ボールを受けようとする選手に、ボールを簡単に持たせないようにパスコースをふさいで、プレッシャーをかけること）などの回数途上目標が最終目標につながり、勝利に直結する重要な要因になることを選手に意識させ、集中させ、理解させなければならない。

＊

デューク大学男子バスケットボールチームを長く率いて名声を博し、オリンピックやワールドカップでも全米代表チームのヘッドコーチとして手腕をふるった**マイク・シャシェフスキー**＊17は、次のように述べている。

われわれの目標は勝つことではない。ともに戦い、ともに楽しむことだ。そうすれば、勝利はおのずとついてくる。

＊17●マイク・シャシェフスキー（*Mike Krzyzewski*）　１９８０年にデューク大学に招聘され、全米でも強豪の15校がひしめくＡＣＣ（アトランティック・コースト・カンファレンス）選手権で12回優勝、ＮＣＡＡ選手権４回制覇。また、オリンピック・アメリカ代表チームにも携わり、92年のバルセロナ大会では「ドリームチーム」のアシスタントコーチとして金メダル。２００８年の北京大会ではヘッドコーチとして金メダル。12年のロンドン大会でもヘッドコーチとしてオリンピック連覇。また、ＦＩＢＡワールドカップもアメリカ代表チームに携わり、06年の日本大会では３位、10年のトルコ大会では16年ぶりの優勝。14年のスペイン大会でも優勝。

❷目標に結びつく質の高い練習を確保する

ゲームのたびに、コーチはチームの目標に結びつくような具体的な役割を示すことが必要である。また、目標を達成できるように、的をしぼった練習を準備しなくてはならない。そうすることによって日々の練習が充実し、チームは優勝をめざして前向きになる。成果を出し続けるチームは、最終目標の達成に結びつく小さな成果を積み重ねている。

例えば、NCAA選手権で6回も優勝しているアリゾナ大学女子ソフトボールチームは、優勝が毎シーズンの目標である。それを受けてコーチが最初におこなったのは、優勝という目標を具体的に小分けし、選手にわかりやすく示すことだった。例えば目標を「各イニングで得点すること」に設定したとすると、これをさらに「バッティングでは確実にバットの芯でボールを捉える」というふうに具体化した。そしてそれがバッティングケージ内の密度の高い打撃練習へとつながり、自信と集中力のある打者を生み出す結果になっていくのである。

このように、日頃の緻密な練習によって優勝の可能性が生まれてくることがわかる。前出のマイク・キャンドレアは、優勝を意識した毎日の過ごし方が重要であると強調している。選手が望む成果は日々の練習の積み重ねによって成し遂げられるということに着目しているのである。

アリゾナ大学女子ソフトボールチームのダッグアウトには、こう書かれたボードが掲げられているという。

チームが優勝に一歩でも近づくために、今日という日に何ができるのか？

また、『*Heads-up Baseball*』*18という本の中には次のように示されている。

今日＋今日＋今日＋今日＋今日＝目標の達成

＊18●『*Heads-up Baseball: Playing the Game One Pitch at a Time*』（Tom Hanson, Ken Ravizza, 1995）"Heads-up"（頭を高く上げた）はメンタルトレーニング的に「前向きの気持ちと姿勢で野球をしよう」という意味だという。著者のトム・ハンソンとケン・ラビザはその中で、「前向きの気持ちと姿勢でプレーできる選手は自信を持っており、追いこまれた場面でもプレッシャーを克服して一投一打に集中できる」と述べている。

練習計画では、その日の練習で達成したい二、三の大きめの目標を決めてほしい。そして、チーム力アップのために強化育成すべきことを書き出してみる。それを練習の中に具体化して練習計画を練る。練習が始まるとき、「今日はこういうスキルを覚えてほしい」と選手に指示する。そして「そのためにはこういう練習をしなければならない」と説明する。選手には練習で習得させたいいくつかのスキルを決めさせる。選手は、このような強みをものにするために、日々励まなければならない。

❸成果に投資する

ゲーリー・バーネット（P7参照）が自著『*High Hopes*』で触れている「シーズンを通した目標と質の高い練習の維持」について、1セント硬貨を例にして説明しよう。

1セント硬貨は最小金額の硬貨であるので、1セントという金額にはさほどの価値は感じないだろう。しかし1日1セント、それを週、月、数か月と貯めていくと高額になっていく。つまり、選手には「成果を出したければ毎日1セントずつ積み重ねていこう」とくりかえし言い聞かせる。一日一日、選手が質の高い練習をしていこうと思ったら、こつこつと1セント硬貨を貯金するのと同じと考えるのである。しかし、毎日の1セントが生きた練習にならないときは、1枚の硬貨もゴミ同然となる。日々、充実した練習が本物の1セント硬貨になっていけば、選手の投資額を増やすことになり、ひいては、チームが最後に大きな金額（成果）を得ることになる。

その日の練習にどう臨むのかは本人が決めることで、それは選手が責任を負ったうえでの権利でもある。しかしながら、日々の練習には目標の達成に対するプラスとマイナスの選択が混在していることを認識させる必要がある。

例えば、午前6時にセットしておいた目覚まし時計のアラームが鳴ったとき、直ちに起床して5㎞のランニングをする、眠気が抜けないのでアラームを切ってうとうとする、アラームを新たな時刻にセットし直して寝る、アラームを解除して寝る、など、いくつかの選択肢がある。起床しても、朝食の選択が待ち構えている。健康的なメニューを選ぶのか、ドーナツ数個で済ませてしまうのか。その後も、自主トレをするのか、テレビゲームをするのか。自主トレをするにしても、ハードにおこなうのか、軽いのをちょっとやってお茶を濁すのか……。

こういう日々の選択によって選手の運命が決まってくるので、選択の重さを自覚させることが重要となる。チームが目標を達成できるような位置に近づくことができるのか、逆に選手のポテンシャルを発揮させるチャンスが遠ざかってしまうのか、その選択がもたらす影響はとてつもなく大きい。選手が自分の意志で選択することは大切なことだが、長いシーズンを通した目標の達成に大きく影響することを自覚しなくてはいけない。

④敗者を勝者に変える目標を設定する

コーチが弱小チームを結果の出せるチームに変貌させようと思うのなら、まずはその使命感を持つ必要があり、さらには、途上目標をうまく組み合わせたチームづくりをしなければならない。コーチが新しいチームに着任すると「ゆくゆくはカンファレンス戦とNCAA選手権で優勝するところまでいく」というような大目標を選手に言って聞かせる。しかし、成果を出せる状態に持っていくまでには、通常であれば4、5年はかかるものであり、実際のところ「チーム体制」「チーム方針」「チーム規範」といった重要な基礎の構築に最初の数シーズンを費やさなければならない。

コーチは未来の大目標達成を視野に入れながらも、その過程に重きを置いて歩む道を構想していくべきである。確かに「最低50％の勝率」、「プレーオフへの進出」といった最終目標の設定も大事であるが、何よりも重要なことは、成果を出すまでの途上目標であるということを忘れてはならない。

NCAA決勝進出の常連校、ロングビーチ州立大学女子バスケットボールチームのヘッドコーチだったジョアン・ボンビチーニ。彼が創部以来わずか1勝しかしていないアリゾナ大学のチームに移ったとき、強調したのは「大目標に至るまでの途上目標の設定とその達成」だった。就任した最初のシーズンに「選手権優勝」といった現実味がないことを口にするのではなく、途上の小さな目標達成の積み重ねを徹底したのだ。初めにチームに要求した具体的な目標は「リスペクトを得ること」だった。そしてハードワーク、品位ある態度、一致団結と要求項目を増やしていき、最後は「大学バスケットボール界でもっとも賢いチームになることでリスペクトや信頼を得よう」と説いた。この途上目標達成という方針は、チームが再生するために欠かせないことだったのである。

このように、適切な途上目標を設定したことによって、ボンビチーニが率いるチームは、数年後にカンファレンス戦ランキングの上位半分にくいこみ、NCAA選手権の出場を果たし、就任5シーズン目で全米大学招待選手権の優勝を勝ちとったのである（その後の6、7シーズン目にもNCAA選手権の出場権を獲得している）。

⑤必要に応じて目標を調整する

カンファレンス・ファイナルで勝利、ホーム戦無敗、勝率50％といった目標はわかりやすく説得力がある。しかし、コーチが掌握できない種々のチーム内の要因によって、その成否は左右される。対戦相手の能力、けが、運、その他の外部要因もあるので、シーズン中にもしも状況が変化し、調整が避けられなくなったときは、コーチは柔軟に対応することが必要になってくる。

例えば、大学のフットボールチームは、ＮＣＡＡ選手権優勝を目標にしてシーズンのスタートを切る。けれども、シーズン初戦をゲーム終了間際の想定外のプレーで落としてしまい、さらには選手の半数が食中毒になり、次戦も取りこぼしてしまったとする。すでにこの時点で選手権優勝の夢は潰えていると判断すべきだが、シーズン残り9試合はどうなるのだろうか。少なくとも、当初の目標を見直す必要があり、チームの戦力にもてこ入れしなければならない。そして、シーズン残り全試合の勝利、プレーオフへの出場権獲得といったことに目標を切り替えていくことになる。

全員がひとつになって成果を出す

コーチに必要なことは、シーズンの最終目標を決めることだけではない。その達成のために私利私欲を捨てられる選手を育てることも必要になってくる。チームがより大きな成果を収めようと努力しているときには、選手一人ひとりに厳しい心の抑制が求められるのである。
1993－94年度シーズン。アリゾナ大学男子バスケットボールチームは、将来のNBAドラフト一巡目候補の選手2人を擁していた。この2人がチームのほぼ全得点を挙げていたのだが、それは他の選手がこの2人にボールを集めて得点のチャンスを譲り、意識的に黒子役に徹していたからである。だからNCAA選手権準決勝まで勝ち進むことができた。ところが意外にもこの戦略はメディアには不評、カンファレンス戦で負けたとき以上に辛辣に批判された。しかし、主力2人を除く選手たちが自発的にチーム本位に徹しきったことで、その数年後、そのうちの3人がNBAドラフト候補に選ばれるきっかけとなったのだ。
このような事例に関連して、前出のフィル・ジャクソン（P27参照）が次のような言葉を残している。

選手が「チーム＝WE」を優先し、「私＝I」をあとまわしにできるほど信頼し合う。このような磨かれたチームが強豪になる。マイケル・ジョーダンとその仲間がNBAを3連覇して得た教訓だ。

そして、あたかもこのフィル・ジャクソンの言葉に応えるかのように、当のマイケル・ジョーダン（P4参照）が次のように語っている。

チーム本位でプレーすれば、個人への称賛はおのずとついてくる。自分がスター選手だと思いこんでいる献身性がない5人よりも、能力には劣るがチームとして団結できる5人と組みたい。

シーズン中にチームの目標を達成するためには、〝縁の下の力持ち〟となる選手が必要になることがある。コーチはその役割を担う選手がやがて大きな成果に貢献するということをチームの面々に根気よく説明しなくてはならない。そのような選手は通常、出場時間が少なく、自分の得意のプレーができなかったりする。しかしながら、チームの勝利を最優先するその存在は、最終的に大きな賞賛に値し、他の何ものにも代え難く、チームにとって貴重な存在であることを選手に理解させるべきである。

典型的な例を紹介する。アリゾナ大学女子ソフトボールチームがNCAA選手権において5回目の決勝進出を果たしたシーズンである。ヘッドコーチのマイク・キャンドレアはじめ、コーチングスタッフは「能力さえあれば、ポジションの経験不足、実戦不足の選手でも構わない。とにかく新戦力が絶対に必要だ」と痛感していた。その年（1977年）のシーズン初頭、チームには全米オールスターチームに選ばれたキャッチャー2人が入部してきた。当然ながら、ポジションが重なっている。その2人のうちの1人が自発的に三塁手に転向を申し出て、それまでの三塁手が二塁手に、その結果、二塁手が2人ということになった。しかしながら2人の二塁手は、シーズン中の出場時間を分けることで折り合いをつけたのである。ひとりは強打者、もうひとりは守備が優れていたので、片方が打者で起用され、もう片方が守備固めで起用されることになった。2人にしてみれば、自分が望む役割を十分に与えられないので、欲求不満気味だった。しかし、2人は自分が望むことよりもチームで求められている役割に徹し、そのうえでお互いの持ち味を発揮しながらチームに貢献したのだった。キャンドレアは後に「そのような縁の下の力持ちの協力を得ながら、選手を共通目標の達成に集中させ、シーズン中それを徹底した。その結果が5回目の決勝進出に結びついた」と回想している。

個人評価とチーム評価のはざま

チームの共通目標がしっかり決まっていないと、チーム評価よりも個人評価のほうが、ともすると幅を利かせることになる。とくにプロスポーツの場合は、選手の報酬額の違いが理由となって、おしなべてチームの共通目標を決めるには難しい環境にある。選手はチーム成績以上に個人成績にもとづいて報酬額が査定されるからである。例えば、得点、打率、その他の個人成績がチーム評価よりも優先して昇給、減給などの資料に使用される。選手は基本的にはチームからの給与を使って自己管理する仕組みに置かれている。

こういう実情のもと、選手はどうあるべきか、前出のパット・ライリー（P5参照）が次のように語っている。

チームの一人ひとりがやるべきもっとも難しいことは「献身的になる」ことだ。レイカーズはお互いが「利己的にならない」と固く誓ったので、チームの目標を達成した。つまり、選手の気持ちが「勝つためにチームがやろうとすることなら、何でもやる」と、ひとつになったのだ。

また、1980年代、パット・ライリーの指揮のもとNBAロサンゼルス・レイカーズの選手として活躍した**マジック・ジョンソン**＊19が次のように述べている。

チームメイトがしてくれることを問うな。彼らのために何ができるかを問え。

＊19●マジック・ジョンソン（*Magic Johnson*）　1978年、それまで強豪校ではなかったミシガン州立大に入学して活躍、NCAA選手権で優勝。80年にポイントガードとしてNBAロサンゼルス・レイカーズに。まったく見ていない方向にくり出す「ノールックパス」で高い評価を得ていた。91－92年度シーズン開幕直前の91年10月に健康診断を受け

た結果、HIV感染が判明。91年11月7日に「HIV感染」と「引退」を公表。

NHL(全米ホッケー・リーグ)では、選手の個人プレーを記録した個人スタッツ(統計)報酬額決定の参考資料として利用するチームが多い。しかし、シカゴ・ブラックホークスはかつて、個人評価の利用を廃止し、チーム評価で査定する方法の導入を試みた。個人スタッツ、個人賞、メディアの報道量や内容などではなく、チームスタッツと戦績などで査定をおこなうという変更だった。マネジメント関係者、コーチ、選手すべてが「その査定方法はより良いチームワークをもたらし、さらなる成果も収めることができる」という確信があったからである。

個人的な名誉や賞賛は確かに重要だが、コーチとしては、チームの成果の重要性を選手に強調して認識させなければならない。ユニフォームの裏に選手の名前をプリントさせず、チーム名だけを表にプリントさせるのは、コーチが常にチームのためにプレーすることを選手に意識させようとしているからであろう。

前出のマイク・キャンドレアは、選手に対してチームとして成果を出す重要性を常に強調していることで知られている。全米年間最優秀選手賞をもらう多くの選手を輩出しながらも、キャンドレアはそのことに触れることはなかった。それどころか、個人スタッツを掲示するようなことも一切しなかった。キャンドレア自身が個人スタッツや受賞に注目している印象を選手に与えたら、チーム内での嫉妬や対立につながりかねないと判断していたからである。とはいえ、チームが成果を出せたことを褒め称えるいっぽうで、個人賞の受賞は選手たちの面前ではなく、内々ながらきちんと祝っていた。

1950年代半ばから60年代半ばにかけて、MLB（メジャーリーグ・ベースボール）の選手として活躍したホワイティ・ハーヅグ*20が、「チームの一心同体の重さ」を次のように述べている。

球界を徹底的に見直して確信したのは、チームが一致団結して、ひとつの理念や目的のもとに目標達成をめざさなければ、そのチームは勝てないということだ。

*20●ホワイティ・ハーゾグ（*Whitey Herzog*）1955年に左投げ左打ちの外野手として最初にニューヨーク・ヤンキースと契約。62年に引退するまで、ワシントン・セネタース、カンザスシティ・アスレチックス、ボルチモア・オリオールズ、デトロイト・タイガースで活躍した。

多くの選手が外見上は「チームプレーに徹する選手」を装う。しかし内心では、同じポジションの選手がけがをしたり、ひどいプレーをすることが頭をよぎっている。そんなライバル意識がないと言えば嘘になる。しかし、勝つチームの共通目標の真意は、まず、お互いを支え合うことである。控え選手は自分が少しでもゲームに出たい一心だが、ベンチではゲームに出ている仲間の選手を励ましている。そのとき、選手は自分のことだけに気を取られているのではなく、共通目標の達成をめざす団結したチームの一員になりきっている。全員が同じ方向を向かない限り、チームが崩壊することをわかっているのだ。

アメリカ建国の父の一人とされ、１００ドル紙幣に印刷されている**ベンジャミン・フランクリン**[*21]が、次のような格言を残している。

> われわれは一致団結しなければならない。さもなくば、みな吊るし首にあうだろう。

＊21●ベンジャミン・フランクリン（*Benjamin Franklin*）１７５７年、植民地の待遇改善を要求するためイギリスに派遣された。その後、独立宣言の起草委員となり、76年、アメリカ独立宣言の際、T・ジェファーソンらと最初に署名した５人のうちの１人。

〈文献〉

・Barnett, G., & Gregorian, V. (1995). *High Hopes*. New York: Warner Books.

第4章

コミットメント

選手とコーチが決意を持って取り組むには(C2)

1 選手のコミットメント

１９６０年代にＮＦＬのコーチとして絶大な人気を誇ったビンス・ロンバルディ＊22が次のような言葉を残している。

ともに努力するときの一人ひとりのコミットメント――それはチームの結束、会社の団結、社会の一体感、文明の連帯感をもたらす。

＊22●ビンス・ロンバルディ（*Vince Lombardi*）　1959－67年度にグリーンベイ・パッカーズ、69年にワシントン・レッドスキンズを率いた。負け越したシーズンがなく、5回のリーグ制覇。68年の大統領選挙でR・ニクソンが副大統領候補にしようと考えたほどの人気コーチだったという。

コミットメントの鍵

選手がある程度のコミットメントを示していても、コーチは「選手のコミットメントが足りない」と感じ、それ以上のコミットメントを求めたくなるものである。「せめて自分の半分程度でいい」と嘆くコーチの声もよく耳にする。もし、本気のコミットメントを示しているのがチームでコーチただ1人だとしたら、それは嘆かわしい話である。

選手にチームへコミットメントを求めるときの秘訣は、とにかく選手をチーム目標の決定に関わらせ、巻きこむということである。チームが目標を達成しようと努力しているとき、できる限りチームとの関係性を築くのである。

❶モチベーション

選手をチーム目標の決定に関わらせることで、大きなメリットが得られる。それは、選手の夢や目標の価値をコーチが理解することができ、また、選手へのリスペクトを示すことができるということである。選手にコミットメントを求める際に重要なのは、選手のモチベーション、願望、望み、夢などを知ることである。したがってコーチはそのための時間を確保する必要がある。人というのは、将来的にメリットや満足感が得られると思えばモチベーションが強まり、コミットするものである。選手であれば「自分が役に立つことは何か？」と考え続ける。夢を語り合うことで選手とコーチに関わりが生まれると、本気で夢を実現してほしいというコーチの願いを選手は理解し始める。つまり、コミットメントとは選手に強いるものではなく、励まし、感謝することによって醸成されるのである。選手が本気で抱負を語るとき、その選手にはすでに強いモチベーションができているのだ。

選手は自分たちの運命を決するようなことにコミットすると「やらなければならない」から「やりたい」へと意識が変わる。そうすると猛練習に没頭する。いまの練習が将来の運命を握るという重要性に気がつくからだ。「やらなければならない」は、外的モチベーションである。理由がよくわからないまま、他人から言われたからというだけでは喜んで努力しようという気持ちは起きない。「やりたい」は内的モチベーションであり、表面からは見えない心の理由、きっかけによる積極的な気持ちである。選手が自ら目標の決定にコミットすれば、それを達成しようとして、必要なことは自主的におこなう。今日の練習が明日の目標を達成する、という信念と願望である。

かつて、全米のトップセールス・パーソンとして名を馳せた**ジグ・ジグラー**[*23]は、次のように語っている。

将来に希望があるからこそ、いま、力が湧いてくるのだ。

＊23●ジグ・ジグラー（*Zig Ziglar*）小学生のときから働き始め、やる気とモチベーションを重視したセールスで1962年に訪問販売の全米トップセールス・パーソンとなった。自著『*See You at the Top*』のキャッチコピーは「エレベーターを探すな。階段を一歩一歩上りなさい」である。

目標の達成に関わらないと、選手はあたかも強制され、操られ、使われ、過小評価されたように感ずる。その「関わる」ことの重要性は、ビジネスの世界からも学びとることができる。こんにちの企業の社員モラルの低下は、社員に悪影響をおよぼす頭越しの経営管理が原因になっている。アメリカ国内の優良企業をはじめ、経営が順調なプロスポーツの運営会社は、社員や選手の人間的理解につとめ、彼らを尊重している。また、社員や選手が直面する事態の経緯と課題に精通している役職者が、最適な方法を考える。各部署の役職者は、機能することと機能しないことを読みとるのに必要な経験を積んでいる。部下たちをどう尊重し、どう処遇したらよいのか、そのさじ加減はその部署の役職者次第なのだ。

スターバックスCEO（最高経営責任者）の**ハワード・シュルツ**[24]が、次のように語っている。

> 力を合わせると何をやり遂げることができるのか、ビジネスは多くのことを教えてくれる。一人だけの力ではたかが知れている。しかし、同じ目的にコミットしてくれる仲間を刺激してその気にさせたら、彼らは奇跡だと思えることをやり遂げてしまう。

＊24●ハワード・シュルツ（*Howard Schultz*）　ニューヨークでユダヤ系ドイツ人移民の両親のもとに生まれた。幼いときから貧しい暮らしだったが、奨学金を得てノーザン・ミシガン大学に入学、フットボールチームで活躍。卒業後ゼロックスに入社。その後、雑貨会社の副社長を経て、コーヒーメーカーを大量に仕入れたスターバックス社を知り、1982年に入社。85年に独立し、87年にスターバックス社を買収した。また、2006年までNBAのシアトル・スーパーソニックスのオーナー。

❷アカウンタビリティとオーナーシップ

選手がチーム目標の決定に関わるようになると、その目標に対して責任を持って主体的に取り組むようになり（アカウンタビリティ）、さらには、自分たちの手でその共通目標を成し遂げようとする強い覚悟をともなうようになる（オーナーシップ：ownership）。なぜなら、選手は自分たちの意思がチームの方向決定に大きく反映されたと感じるからである。

前出のパット・サミット（P9参照）は次のように語っている。

個人と組織の課題に取り組むときの「責任」、主体的に取り組む姿勢である「アカウンタビリティ」、成し遂げようとする強い覚悟をともなう姿勢である「オーナーシップ」の重みは同じ。だから、チームのオーナーシップの微妙な違いを感じとってうまく調整する意識があれば、チームや組織が持つ最大の強みとなる。

この言葉と対照的な話をしたい。例えば、コーチが訳あってレンタカーを使っているとする。コーチが多くのレンタカードライバーと同じなら、さしずめ〝レンタカー・バイオレンス〟常習犯になっているかもしれない。乱暴なハンドルさばき、無茶なアクセルの踏みこみ、食べ残したポテトチップスはシートに散乱、空き袋と空き缶は置きっ放し。自費で購入したマイカーではないし、借りるのに大金を使っているわけではないから、〝レンタカー・バイオレンス〟を犯しそうになる。

しかし、それが自分の愛車なら、よく手入れをするだろうし、大切に乗ろうとするはずである。自費で購入したブランドの新車の場合と比べてみればよくわかることだ。あたかも、強迫観念に駆られたように、頭の中は自分の新車のことしかない。注意深く運転し、駐車には気を遣い、こまめに洗車もする。なぜ、そうなるのか。自分で購入したマイカーであり、それに優越感も感じているからである。少しきつい質問かもしれないが、コーチに聞きたくなる。「選手たちは自分たちのチームを安いレンタカーとみなしているのか。それとも、自分で購入したブランドの新車とみなしているのか？」と。

チームの目標の決定に選手を関わらせることができれば、強いオーナーシップが発揮され、自分たちの手で成し遂げたという気持ちも強まる。

マーティ・ショッテンハイマー[*25]が次のように述べている。

> 私の周りでもっとも結果を出しているチームは、選手があたかも全員でひとつの機械を動かしているようだった。

＊25●マーティ・ショッテンハイマー（*Marty Schottenheimer*）　合わせて21年間にわたるＮＦＬにおけるヘッドコーチ歴のなかで、負け越したのは2シーズンしかない。しかも、１９７４年にニューヨーク・ジャイアンツのヘッドコーチとなってからの15年間はずっと「勝ち越し」の戦績を収めていた。

チームの共通目標の決定に関わらせると、選手たちにはアカウンタビリティとオーナーシップの意識が沸き起こってくる。チームづくりはコーチだけの仕事と思われがちだが、そうではない。すべての者がチームに関わることが重要であり、うまくいくかどうかは選手次第なのである。突き詰めれば、チームの目標決定に全員をコミットさせることは、そのチームが「コーチのチーム」から「自分たちのチーム」に生まれ変わったことを意味すると言っても過言ではない。

フィル・ジャクソン（P27参照）は次のように語っている。

チーム自体がチームリーダーであるべき。

皮肉なことに、コーチがチームに対して口出しをせず、選手の判断や方向性の決定に自主性を持たせると、しばしば予想外の好結果をもたらすことがある。選手が自覚して結果に対して責任を果たそうとするからである。コーチの思いだけが先行するのではなく、選手全員がコミットしながらチームの目標に向かって邁進し、選手はさらに積極的に努力するようになるのである。

ブリガムヤング大学で経営管理学と組織行動学の教授を務めたステファン・コビー（P46参照）が、次のように語っている。

身動きがとれないほどの関係でなければ、コミットしたことにならない。

2 コミットメントの変化

選手がコミットしているのかどうかにかかわらず、コミットメントのレベルが変わるときがある。コミットメントには段階があり（Long, 1995）、それは目標を理解してどの程度その達成に打ちこむかによって数段階に分けられる。チームづくりと同様、選手のコミットメントの段階にはさまざまな要因が絡んでおり、時間の経過とともに変化する。一人ひとりの選手のコミットメントの段階を見極め、コミットメントの段階を引き上げられるかどうかが、コーチの資質として重要になってくる。

ＮＢＡオーランド・マジックの上席副社長の**パット・ウイリアムス**＊26が次のように述べている。

選手として、リーダーとして、あるいはチームとして成果を出せたのは、それぞれがコミットしており、成果の代償をいとわなかったからである。これこそ、「チームワークがすべて」という至言にほかならない。コミットメントによって勝利、夢、成果への道が開かれたのである。

＊26●パット・ウイリアムス（*Pat Williams*）　初めはMLBのマイナーリーグ選手だったが、1968年に野球からバスケットボールのNBAに転身。フィラデルフィア・76ersのビジネスマネジャーに就任、それまでにないハーフタイムショーを導入した。83年にフィラデルフィア・76ersはNBA制覇。その後、低迷していたシカゴ・ブルズに移り、ゼネラルマネジャーに就任。いまではすっかりお馴染みのマスコット〝ベニー・ザ・ブル〟を発表した。

コミットメントの段階

❶目標達成までのコミットメント

(1)「受け入れない」段階……選手は、自分なりに思うところがあって、チーム目標を受け入れていない場合が多い。見たところ選手はハードワークに耐えているが、それは自分なりに計算していているからで、本心ではない。

(2)「渋りながらも従う」段階……選手は、チーム目標にコミットするのをためらい、不安を抱いている。強く促されれば、どうにか取りつくろって乗り切り、逃れられると思ったときは手を抜くであろう。

(3)「表向きをつくろう」段階……選手は、チーム目標の大切さをまったくわかっていない。友だちが言葉をかけてくれるから、親が辞めないで欲しいと思っているから、というような次元の違う理由でチームにとどまっている。これはユース世代に多い。

(4)「素直に努力する」段階……選手は、チーム目標の大切さをわかっており、その達成のために素直に努力する。チーム目標を理解し、同意している。目標達成のために必要なチームの取り決めにも納得している。ただし、いつもそれ以上でもないし、それ以下でもない。

(5)「進んで取り組む」段階……選手は、チーム目標を十分理解して最重要課題と位置づけ、やるべきことは自ら進んで取り組む。チームが目標を達成するために費やす時間と労力を惜しまない。いわゆるコミットしているとは、この段階以上のことを言う。

(6)「全力を尽くして邁進する」段階……選手は、究極の課題としているチーム目標を本当に達成できるように、将来に向けて全力を尽くす。選手には疑問もためらいもない。目標達成のために起こり得る課題に時間と労力を注ぎこむのは当たり前で、それを楽しんでもいる。

❷危険とみなされるコミットメント

(1)「無関心」状態……チーム目標どころか、ゲームに対する愛着さえも失っている。もはや完全に気持ちがチームから離れている。

(2)「とり憑かれている」状態……目標が意識されすぎて、オーバートレーニング、摂食障害、薬物使用など、極端な行動が出てくる。度を超えたコミットメントは手に負えなくなる。その場合は、強制的に正常に戻すことになる。

選手に期待するコミットメントのレベル

時間をかけて自分のチームの選手を眺めてみてほしい。個々の選手に最適なコミットメントの段階をあてはめてみて、そう考える理由を分析してもらいたい。さらに、各選手にどの段階のコミットメントを期待するか、ブレーンストーミングをおこなってもらいたい。

驚くことではないが、チャンピオンチームには「素直に努力する」から「全力を尽くして邁進する」段階のコミットメントの選手がもっとも多い。逆に、「受け入れない」から「表向きをつくろう」段階の選手はほとんどいない。このように、各段階を参考にして、チームづくりに重要なコミットメントを浸透させ、高めていくことが大切である。

前出のパット・ウイリアムス（P80参照）が次のように述べている。

コーチ、選手、さらにはトレーナーまで、チームに関わるすべての者がそれぞれの能力を発揮して、与えられた役割にコミットしなければならない。

また、1970年代から30数年にわたりフロリダ州立大学フットボールチームのヘッドコーチとして活躍した**ボビー・ボーデン**＊27が次のようにコメントしている。

スポーツでは選手にコミットメントが要求される。結局、選手にハートがなければ、ゲームをやっても、すぐに決着がついてしまうのである。

＊27●ボビー・ボーデン（*Bobby Bowden*）1976－2009年度、フロリダ州立大のヘッドコーチ一筋。91年度からリーグ戦選手権優勝12回。09年度シーズン後に80歳で引退。

コミットしていない選手への対応

「コミットしていない選手をどう扱ったらよいか？」とコーチによく質問される。その際、「自分はどのレベルのチームを指導しているのか、改めて確認してほしい」と答えている。大多数のコーチが心得ていることだが、ユース世代のレクリエーションレベルでは、すべての子どもたちにコミットメントを期待するには無理がある。なぜなら、子どもの気持ちは二の次で、親の都合だけで参加承諾書を提出している場合が多いからである。つまり、お金さえ払えばベビーシッターのように面倒を見てくれるという理由だけで、親は子どもにスポーツをさせているのである。

しかし、ほとんどのコーチは、選手に強いコミットメントが求められるチームを率いているのが実態であろう。チームの中でコミットメントの段階が「素直に努力する」以下の選手がいたなら、もっとコミットするように励ますのもひとつだ。何がコミットメントの妨げになっているのかについて、じっくりと話し合うとよい。おそらくそういう選手には十分な出番がなく、今後の進路や他愛のない話に終始するのは見えている。コーチとしては、そういう選手こそ、チームにコミットする重要性を理解させなければならないのである。

コミットメントは目標の達成とレガシーに密接に結びついている。選手がいまやっている種目をどこで最初にプレーし、なぜ続ける気になったのか。あるいはその種目が好きな理由や将来の目標についても、コーチは是非把握してほしい。選手のモチベーションを確認できたら、本人のコミットメントを高める方法が見えてくるはずだ。そして、いま全力で取り組んでいることが、長い目で見たとき、やがて成果に結びつくことを選手に気づかせなければならない。

学生であれプロであれ、選手は金銭問題、奨学金、親からの過剰な期待、仲間からのプレッシャーに半分嫌気が差しながらも、チームにとどまっている。そのような状況の中でも、選手には、将来に向けた活動に対してどう取り組むかは自分で決めなければならないということを認識させる必要がある。ほとんどの選手のコミットメントが少なくとも「素直に努力する」段階にあるチームでは、努力した見返りがないと感じる選手は（自分が努力するかどうかは別にして）、おのずとチームを去っていくものである。

本心では「素直に努力する」段階のコミットメントではないのに、コーチにはそう見せかける選手には注意が必要である。そのような〝見せかけの選手〟は、コーチに隠れていつも仲間に不平や不満をこぼす。そして、「素直に努力する」段階の選手を動揺させ、チームから気持ちが遠ざかるように仕向ける。あるいは不平や不満をこぼすことで、「素直に努力する」選手のコミットメントを「渋りながらも従う」段階、あるいは「受け入れない」段階へ陥れてしまう。コミットメントの段階が落ちていくと、その選手は次第にチーム内の抵抗分子になっていく。コーチはそのような事態に陥っていないかどうか、コーチングスタッフやキャプテンと協力して注意を向けなければならない。

コーチのコミットメント

では、コーチは自分のコミットメントをどの段階に位置づけるだろうか。全力で取り組んでいるかどうかは別にして、ほとんどのコーチは「進んで取り組む」段階、すなわちコミットしていることには間違いない。関わっている競技へのコミットや愛情は、選手時代あるいは最初にコーチになったときのものと変わらないはずである。また、コーチがユース世代のチームを指導する熱心な親であれば、子どもたちにベストを求めて指導しているので、そのコミットメントは相当高いレベルに達している。そのような親であれば、理由はともかく、手当てが少額でも無給でも、かなりの時間をコーチングに費やすであろう。

コーチがあまりコミットしていなかったとしても、そのうち、もっともコミットするようになっていくものである。選手のコミットメントがコーチに追いついていなくても、少なくとも「素直に努力する」段階であれば、それなりの結果を出せることを覚えておいてもらいたい。

現実的には、チームが成果を出すためには、すべての選手が「全力を尽くして邁進する」段階である必要はない。経験則から言えば、全米選手権出場レベルのチームにおいてでさえ、「全力を尽くして邁進する」選手はチームに10％いるかいないかであろう。残りについては、40％の選手は「進んで取り組む」段階、50％の選手は「素直に努力する」段階だと思う。「表向きをつくろう」以下の段階の選手はほぼいない。

注意してほしいのは、コーチ自身が「とり憑かれている」状態に陥らないことである。勝つことだけに執着しすぎると、選手の個人的な事情を見落としてしまい、遅かれ早かれ、それがチームに内在する問題が露呈する引き金になるからである。「とり憑かれている」状態にあるコーチは、往々にして意気込みすぎてしまい、選手が燃え尽き症候群になってしまうこともある。さらに「何が何でも」という執念で、チーム規範を押し曲げてでも勝ちにこだわる。ほとんどの選手は、そのような「とり憑かれている」状態に陥ってしまいそうなコーチと、少なくともコミットしているコーチとの見分けはつくはずである。

コーチが自分の段階を「表向きをつくろう」段階、もしくはそれ以下だと感じたら、そのときはおそらく、自分のコーチングを謙虚に省みる良い機会なのかもしれない。もし、コーチがチームとの間にトラブルを抱えているとすると、それは選手に対するコミットメントに問題があるということである。また、コーチがまわりからの期待を抱えこみすぎ、嫌気が差して情熱を失ってしまう場合もある。さらに、コーチが時間に追われ、プレッシャーがかかりすぎると日常生活に余裕がなくなり、コーチ自身が燃え尽き症候群に陥ってしまう。

自分のコミットメントが以前より後退したとか適切でないと気づいたら、可能な限りリフレッシュの時間をつくるか、他のスタッフに頼める仕事は代わってもらうか、短い休暇を取るべきである。ホイッスルを首から外し、作戦板から手を離し、気分転換して休養、充電すべきであろう。

3 コミットメントと規律

選手のコミットメントと規律は表裏の関係にある。チームの目標に対する選手のコミットメントが大きければ大きいほど、たいてい規律に関する問題は少なくなる。行きたいところに行き着くためには、チーム規範やチームでの取り決めを受け入れなければならない。チームの目標にコミットしている選手はそのことを十分理解しているのである。

規律の4つのレベル

チーム目標、チーム規範、チームでの取り決めに選手を関わらせながらチームの規律を改善していくには、長い時間を要する。選手を巻きこむことで確立される規律のレベルには、次の４つがある。

❶選手個人の責任が自覚される

チーム規範やチームでの取り決めに関わると、選手はその責任を受け入れ、自分のこととして取りこみ、それらに従うようになる。選手は、自分たちで創り上げたその規範や取り決めの正しさを信じており、また、チームの目標達成のために役立つと感じているからである。何回も変更したにもかかわらず、いまなお残っている規範や取り決めは、コーチが作成したものと比べると、はるかに厳格になっている。選手は関わることで、純粋に成果を求め、やるべきことに対して心の準備をするようになるのである。

❷選手のアカウンタビリティがチームに行きわたる

チーム目標の決定に選手を関わらせることで、その目標を自分のこととして考え、責任ある行動をするというアカウンタビリティの意識を高めさせる。またそのことで、自分の言動が自分自身だけではなく、チームメイトにも影響をおよぼすということを選手が自覚するようになる。チームが正しいと思われる道から逸れないのは、そういう責任感が機能しているからである。

❸チームで規律を徹底する

チームは目標を達成しようとするので、選手は規律を徹底するという責任をお互いに持ち合う。言い変えれば、選手それぞれの存在が「規律の中の規律」なのである。もしそうであるなら、選手はチームで規律をはみ出す仲間が出ないように努めるはずである。また、はみ出す者が出たときのために、チームでその仲間に向き合って対処する覚悟ができている。そうすると、コーチはいつも規律を破る者に注意を促す役まわりに徹する必要はなくなる。もし、選手の誰かが実際に逸脱すれば、他の選手がその仲間を立ち直らせようと励まし始めるに違いない。なぜならば、それがチーム全体の成果に関わることだとわかっているからである。

前出のパット・サミット（P9参照）は次のように語っている。

テネシー大学のチーム規範は、選手全員が規律を徹底することを目的にしている。そこで上級生が私の代わりに〝お手本と番人〟になってくれるようなチームのシステムにした。私が、選手たちを咎めたり、罰したり、押しつけることはまったくない。

チーム規範を破った選手に対してどのようなペナルティを科すべきか、選手たちに判断させるとよい。ペナルティの種類はあらかじめしっかりと決めておくべきである。選手にとっては普通、出場時間の制限がもっとも厳しい処分だが、それはもっとも効き目がある抑止策でもある。選手が期限を守らないといった小さな違反をした場合は、チームの荷物運びや洗濯係をさせるなどして対応するとよい。

④最後はコーチが徹底する

コーチは、選手の言行一致を確認するうえでの最後の砦となる。選手にチーム規範やチームでの取り決めを意識させ、実際に行動に移すように徹底させなければならない。コーチと意見のくい違いや性格が合わないことが少しくらいあったとしても、選手はそれを盾にしてコーチと対立することは許されない。なぜなら、コーチの意思決定は、その場の雰囲気や気まぐれではなく、選手が自分たちで作成し、順守し続けることに同意した規範や取り決めにもとづいているからである。チーム全体で納得した規範や取り決めに選手が従わないときには、コーチは選手と向き合って解決していく必要がある。その場合、選手には「コーチという立場」だけでなく、チームの総意に配慮して対応しなければならない。

コミットメントの持続

コミットメントは、じっくりと醸成されるべきものであり、長く持続されなければならない。チームは通常、選手全員がチームの目標にコミットしているという前提でシーズンをスタートする。ところが、少しでもコミットしていない選手がいると、想定外の事態や逆境にぶつかったときに、思いもよらない早さでチームは崩壊してしまう。選手はシーズン当初は、選手権に絶対に勝つという意気込みに燃える。しかし、シーズンが進むにつれてベンチ要員であることがはっきりしたとき、あるいはチームに所属することが自分の生活の支障になると感じ始めたとき、当初の意気込みは簡単に消失してしまう。

多くの人は、新年の1月に思い描いた決意をわずか1週間も経たないうちに忘れ去ってしまっている。おそらく、それを2月まで持ち続けられる人は、わずかしかいないのではないだろうか。コミットメントはつくり上げることはできても、継続させるのが難しい。コミットメントの本気度は、言葉を聞くよりも、行動を見て推し量ることができるのである。

前出のゲーリー・バーネット（P7参照）が次のように述べている。

人が何を考えているかがわかるのは、言葉にして発するからではなく、行動で示すからである。

シーズンを通して選手にコミットメントを維持させる方法のひとつは、選手に練習計画を立てさせることである。ベッキー・ベル（もとアリゾナ大学女子テニスチームのヘッドコーチ）はシーズン中、選手に練習計画を立てさせたことがある。選手に計画を立てさせることについては気が進まないコーチもいるかもしれないが、選手がどのような工夫をしてくるのかが楽しみでもあった。たいていの選手は、コーチが課した練習の中で気に入ったものを組み入れてくる。結果的には楽しいことだけをおこなう練習になっているかもしれないが、自分たちが気に入った練習内容なのだから、裏を返せば、集中して必死にやる練習ともなる。

チャンピオンチームづくりの課題のひとつは、シーズン当初に選手のコミットメントの度合いを把握し、シーズンが終わるまで、選手がコミットメントを維持できるようにすることである。コミットメントが選手の一貫した行動となって現われると、チームは目標の達成に近づくことができる。シーズン中には、チームのもめごと、選手のけが、スランプ、出場時間の減少など、さまざまな苦しい状況に直面するので、選手個々のコミットメントは、シーズンを通じて揺るぎのないものでなければならない。コミットメントを持続させるための関わり方について述べてきたが、もう一つ重要なキーワードである「感謝」については、第6章で述べることにする。

〈文献〉

・Long, S. (1995). *Dynamics of team building*. Colorado Springs, CO: United States Air Force Academy.

第5章

共通目標へのコミットメント

チーム全員に共通認識を持たせるには(C1+C2)

成果を出すチャンピオンチームの特徴についてこれまで述べてきたが、その中でもとくに、共通目標に対する本気のコミットメントは極めて重要である。確かに、チームで役割がきちんと果たされず、コミュニケーションが円滑でなくても、あるいはチームがまとまっておらず、コーチも信頼されていないようなチームであっても、たまには勝つことがあるかもしれない。しかし、そのようなチームはごくわずかであり、選手が共通目標に本気でコミットしていないチームがチャンピオンの域に達した例は、ほとんど見たことがない。

前章までに、チームが共通目標を明確に定めること、そして持続するコミットメントを醸成することの大切さを述べた。この両者は表裏一体である。チームの共通目標を決定するためには、コーチは選手を巻きこみながら、選手にとって何がモチベーションになり、選手が何にコミットしていくのかを探りあてていかなければならない。選手は、チームの共通目標の達成に向けてやらなければならないことに対して、本気でコミットする必要がある。この章では、共通目標に対して本気でコミットするときに手助けになるいくつかの考え方、あるいは重要なコンセプトを紹介する。

選手が共通目標にコミットすることによって、責任感、アカウンタビリティ、そしてもっとも重要なリスペクトおよびチームへの信頼感を育むことができ、さらにはそのために必要なチームの土台を築くことができる。どのように共通目標へコミットすれば、チームにおける信頼感の土壌を生成することができるのか。ひとつのモデルを示すことにする。

1 チームにおける信頼感

チームの信頼感の基礎

(1)夢を描く……成功を求めるときの出発点は、その目的に合った理想の姿、すなわち夢を描くことである。これまで成し遂げられた多くの偉大な試みは、一粒の可能性、一縷の希望、ほのかなインスピレーションから始まっている。夢とそれを追い求めるビジョンは、チームあるいは選手にとってのモチベーションの源となる。

(2)選手を関わらせる……第4章で述べたように、チームの方向性を決める際に選手を関わらせることで、コーチは、選手が求める夢に一歩踏みこむことができる。また、夢を描く選手に心を留めていることも示すことができる。それが、夢を実現するのは自分たちなのだという覚悟（オーナーシップ）を選手に芽生えさせる。

(3)やるべきことを明確にする（ミッション）……コーチは、選手全員の夢をひとつにまとめ、共通目標の中にビジョンをはっきり示す。また、チームが成し遂げることができる可能性を鼓舞できるような、生き生きとしたチームの姿を描いて見せる。そして、猛練習に耐え、目標が実現できるようにチームを励ましていかなければならない。選手とコーチは、やるべき

図1　チームの信頼感の基礎

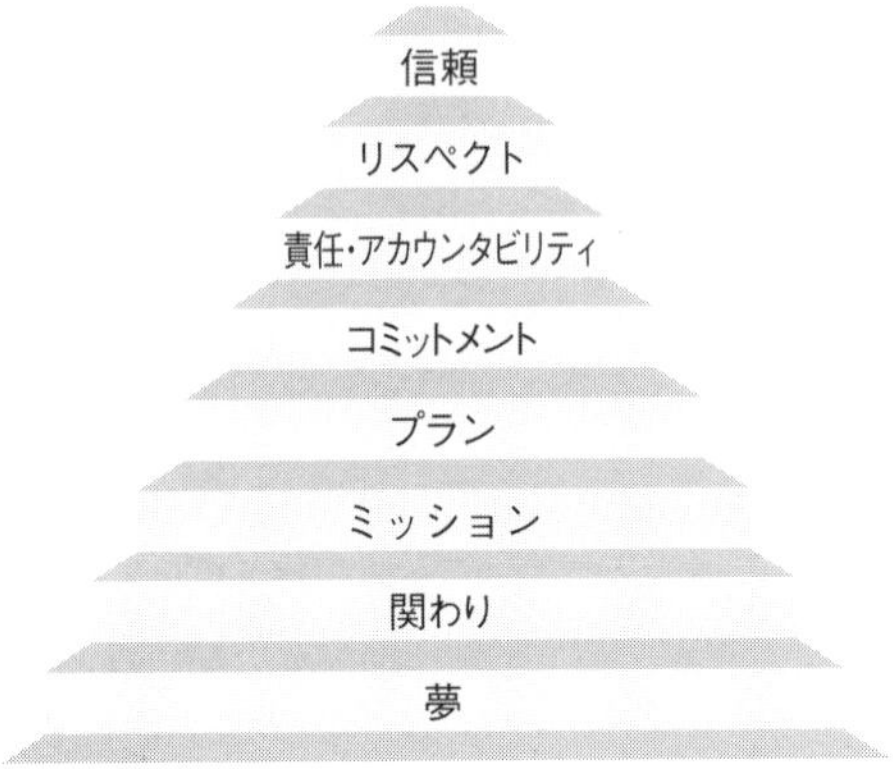

こと、すなわちミッションを自覚することで、目的意識が芽生え、シーズンの方向性を認識する。そして終始ハードな練習をせざるを得ない理由が与えられる。さらにやるべきことが明確になると、シーズンに向けて納得する気持ちが選手に湧いてくるのである。

(4)プロセスを考える（プラン）……やるべきことが決まったら、次は、共通目標の達成に必要な戦略、役割、行動、心構えなどについて、段階的なプランを考えていく。ここでは、結果としての目標を見据え、その達成の可能性を最大にするようにプロセスをしっかりと分析しなければならない。

(5)コミットメント……ここでは、コーチと選手が、チームでやるべきことを全員の前ではっきりと示し、それに対する相互のコミットメントを誓う。さらにコーチは、目標達成を念頭に置いたプランに従うことを表明するのである。

(6)責任・アカウンタビリティ……コミットするということは、選手が責任のある行動を誓うということである。選手はそのうえで必要とする役割を担い、チームでの取り決め、心構え、コミットメントを順守する。また、個々の選手の行動や心構えはチームの士気や勝利に大きく影響を及ぼす。アカウンタビリティというのは、選手がそのようなコミットメントを理解している状態を指す。選手はチームメイトの行動に責任を負うのであり、だからこそチームの全員で成功を味わえるのである。

(7)リスペクト……ある1人の選手がチームに責任を持ち、自分も責任ある行動をとるようになると、リスペクトが芽生えてくる。それは、やるべきことが実行に移され、コミットメントが最後まで持続するからである。そして個々の選手がそれぞれにやるべきことをやり、コミットするようになると、個々の選手の間にリスペクトが形成される。つまり、チームの選手がそれぞれ、お互いにまわりに責任を持ち、自分も責任ある行動をとるようになるのである。

(8)信頼……チームメイトがお互いにリスペクトしているときにのみ、本当に信頼し合うことができる。信頼によって、確信、自信、そして、安心感が生まれる。選手はチームの全員が同じ目標の達成をめざしていることがわかっている。信頼は固いきずなの芯なのだ。言行が一致していれば、チームづくりには欠かすことができないリスペクトと信頼の感覚が生まれるのである。しかし、ある選手が「選手権で優勝するために必要なことをやる」と公言しても、そのいっぽうでトレーニングルームや教室での行動がともなわなければ、仲間の信頼やリスペクトを一瞬にして失ってしまう。すなわち、チームメイトへのコミットメントを軽く見ており、責任を放棄したことになる。言行が矛盾しているのは、コミットメントの放棄を自ら晒しているようなものなのである。

パット・ウイリアムス（P80参照）の言葉を紹介しよう。

リスペクトと信頼で包まれているチームは、予想だにしない偉業を達成し、驚くべき好成績をおさめるものである。

2 チームづくりに向けての取り組み

それでは、チームづくりを具体的にどのように進めていけばよいのだろうか。次に紹介するのは、前述した「チームの信頼感の基礎」（P98、図1）をベースにした効果的な取り組みである。「チームの信頼感の基礎」の階段を上っていくような感覚で、まずは選手に夢を持たせ、チームに関わらせ、やるべきことを自覚させる。そうしてやがては、リスペクトと信頼があるチームに育っていく。その過程では、選手に問いかけ、体験させ、身につけさせることをくりかえさなければならない。長丁場で不安になるかもしれないが、結果的には、最後になって慌てることはなくなるのである。

チームづくりに向けての取り組みは、チームが成果を出すための準備の一環でしかない。コーチと選手がその気になれば実行できるものばかりであり、肝心なことは、それを実行することである。コーチは選手に対して心を開きながら誠実に対応し、その取り組みがうまくいくように努力しなくてはならない。実行すれば、チームの姿が見えてくるようになり、方向性を見誤ることも少なくなる。ただし、言うまでもないことだが、実際に取り入れる場合は、自分のチームの状況に即してもっとも効果が得られるように、適宜、調整および修正しなければならない。

興味深いことに、これから紹介するチームづくりに向けての取り組みは、第2章で紹介した「チームづくりにおける4つの成長ステージ」（P21）とは逆の流れになる。すなわち、まず、チームの力がピークに達しているシーズンの終盤（チームの成熟期）におけるチームの状態を想定し、次いで、その状態に到達するために維持・徹底すべきチーム規範を示すように促し（チームの統一期）、意識的にチームを引き締める。それから、目標をめざす経過で発生する障害や悩みをしぼり出し（チームの混乱期）、それについて検討する。このようにして、早いうちにさまざまな要因にアプローチすることで、シーズンを通して目標への基本路線を適切に定めていくのである（チームの形成期）。

シーズンが始まる前のミーティング

この試みを初めておこなったのは、アリゾナ大学男子バスケットボールチームの1993－94年度シーズンだった。高い能力の選手がそろっているにもかかわらず、NCAA選手権第1ラウンドで格下のチームに2年連続で負けてしまうなど、ふがいなくイライラしたシーズンを送っていた。チームが秘めている潜在力を少しでも引き出すにはどうしたらよいのかと悩みながら、9月中旬に選手とコーチにロッカールームに集まってもらった。NCAAが定めている公認練習が許可される1ヶ月前のことである。フロアでの練習開始前に、どのようなシーズンを送りたいのか、誇りを持って来年4月にシーズンを終われるようにするにはどうしたらよいのか、というテーマで話し合いを重ねた。そして、新シーズンの抱負を選手個々に聞いてまわったのである。

私は、このプレシーズンミーティングが、シーズンを通じた基本路線を固める重要な場になったと思っている。シーズンが始まる前までに選手は、自分のやるべきことに対して全力で邁進するコミットメントを示すようになり、練習が始まる前に、チャレンジングでやりがいのある目標を設定するようになった。また、やるべきことは選手でそれぞれ異なってはいても、選手はそれぞれに効果的な取り決めをおこない、シーズン中のハードな練習に耐えた。だから、チームの状態は成熟期にたどり着き、ここぞというときにチームはピークを迎えることができたのである。

1994年は、究極の目標であるNCAAのチャンピオンシップには届かなかったが、その試みは、以降のシーズンで達成されたファイナル4進出への原動力となった。

このような例を紹介したのは、シーズン前の早い時期からチームづくりを意識するには、チームミーティングがベストであると考えたからである。シーズンを通してめざす目標について考え、話し合い、確認する貴重な場となる。コーチが考えていることをチームに徹底させたいのであれば、まず腰を据えて選手の言うことに耳を傾けるべきである。初めからチームに徹底させるのが難しい場合は、話を簡単にするために、第三者を同席させるとよい。第3章で述べたように、コーチは選手を巻きこみたいし、選手の言い分も尊重したい。経験則から言えば、選手の目標は、たいていコーチが考えるものと同じ場合が多い。

何度か紹介しているパット・ウイリアムス（P80参照）の言葉である。


しっかりとしたビジョンを示すことで、チームには目標を意識させる以上の効果が現れる。それは、チームのやるべきことが明確になり、がんばろうとする気持ちが選手に芽生えてくることである。

シーズン途中のミーティング

どのようなシーズンにしたいのか。それを選手に考えさせるためには、本来シーズンの終了時に催す納会（のようなミーティング）を前倒ししておこなうことが非常に効果的である（Ravizza & Hanson, 1995）。「チームの理想像について、何か言っておきたいことはないか？」「ファンやスタッフ、チームメイトには、自分のことをどんなふうに覚えておいてもらいたいか？」「チームを抜けたいと思ったことはないか？」といった質問を与えておく。

ねらいは、チームがどのようなレガシーを残すことをめざしているのかを自覚させることである。コーチはシーズンに向けての目的意識とその意味を徹底して強調する。そして「自分の時間を400時間以上も使い、150リットルもの汗をかき、四六時中チームについて考えを巡らせ、さらには身も心もチームに捧げることになる。それでもいいのか？」と尋ねる。コーチはシーズンを通してやるべきことについて、徹底して納得させることができなければならない。

誰が言ったのかわからないが、こういう言葉が残されている。

人はひとたび理由を納得すると、どんなに辛くても耐えられるものである。

P7で紹介したゲーリー・バーネットの言葉である。

人は金のためならがんばる。他人のためならもっとがんばる。だが、納得できれば死ぬまでがんばる。

実際には、チームを数人ごとのグループに分け、先ほどの問いかけに対する各々の答えを書き留めさせ、その時点でまとめさせる。コーチはそこから、選手が何を成し遂げたいのか、そしてそれはなぜなのかを突きとめる。選手には、その何かを成し遂げる能力がチームに備わっているかどうかを見極めさせる。もしかしたら、予想外の反応が返ってくるかもしれない。

さらに選手には、めざす目標について徹底的に意見交換をさせ、説明を求め、じっくり考えさせる。コーチは、スタッフと選手の間で大まかな合意形成ができるようにしなければならない。そして「全員が一体となって全力を尽くすことができるなら、チームは何を成し遂げることができるだろうか」と尋ねる。コーチのやるべき仕事は、その答えから導き出すことができるのである。

勝利の重みを理解する

チームでともに向かう方向が決まったら、次に、そこにたどり着く道筋を定める。コーチは、チームの行き先をしっかりと見据えたかじ取りをしなければならない。過去に成果を収めているなら、なぜ勝つことができたのか、その勝因をくりかえし意識させるようにする。勝因がわかればそれをくりかえせばよいのであり、勝利をより確実なものにすることができる。すなわち、勝因をしっかりと認識することが重要なのである。勝利のまわりにはさまざまなマイナス要因も潜んでいるので、その影響を受けないためにも、勝因をよく分析しておく必要がある。先に紹介した2つのミーティングは、勝利の過程およびその要因を把握することがいかに重要であるかをわからせてくれる。

勝運に恵まれないチームや中学校以下のユースチームは、勝利の重みを本質的によく理解していないのかもしれない。自分のチームがもしそうだとしたら、そのままにしておくのではなく、チームづくりの最初の時点から、具体的に教えて理解させるべきである。そういう場合、いくつかの好例（アメリカでは、NBAのロサンゼルス・レイカーズ、ノースカロライナ大学女子サッカーチーム、テネシー大学女子バスケットボールチーム、アリゾナ大学女子ソフトボールチームなど）を調べ、勝利までの歩みをわかりやすく説明するとよい。

ここで思い出すのは、アリゾナ大学男子バスケットボールチームの例である。そのときのチームは、高い目標を達成するためには何が必要か、あるいはそのためにチームでやるべきことは何か、などについてロッカールームで話し合っていた。2年生の1人、コーリー・ウィリアムという選手がその年の夏、マイケル・ジョーダンのキャンプに参加していたのだが、そのキャンプには、かつてデューク大学が1991年と1992年にNCAA選手権を制覇したときの主力選手もスタッフとして参加していた。コーリーは、NCAAを制覇するためには何が必要かということについて、かつてのデューク大学のその主力選手から学び取ったのである。そしてチームに戻ってからはそれを仲間と共有し、以後、そこで学んだことがチームの指針に大きく影響していった。

他のチームのことや、どのような経過のもとに成果を出したのかを読んだり聞いたりすることは、チームの目的を達成するために非常に役に立つ。本書で紹介しているレジェンドがどのような考えを持っていたのか、ぜひ、感じ取ってもらいたい。

3 成功の柱

チームのはっきりした目標にもとづいて、それを達成するには何が必要なのか、選手に決めさせなければならない。「所属カンファレンスやNCAA選手権で競り合うとすると、そこで優勝するチームとそれを追いかけるチームとでは、実際に何が違うのだろうか？」と問いかけてみる。

目標を達成するためにはどのようなアプローチや心構えが必要なのか、選手にじっくりと考えさせるべきある。

「パフォーマンス・プロファイリング」(Butler & Hardy, 1992) という手法がある。目的を達成するために必要となるあらゆる要因を抽出し、列挙する方法である。この手法を用いてチームにブレーンストーミングをさせ、成功するチームに欠かせない要因をリストアップし、議論させる。私はそれらの要因を「成功の柱」と呼ぶことにしている。チームが高い目標を達成するためには、それぞれの柱が高くて頑丈でなければならない。「柱」と呼ぶのは、もしその柱が十分に成長せずに頑強でなかったら、チームはめざすところの高さまで到達することはできないからである。選手に、「成功の柱」の特徴は何かについて話し合わせ、それぞれの意味するところを明確に定義づける。そしてその柱が、練習、コンディショニング、授業、メンタルトレーニング、ゲームなどの中でどのように具体化されていくのか、選手に考えさせるのである。

「成功の柱」のいくつかの例から、多くのチームにみられる特定の共通要因を見出すことができる。例えば、コミュニケーション、コミットメント、与えられた役割の受け入れなどは、どのチームにも共通する。しかし、その柱の重要性や優先順位はチームにおけるニーズとその程度によって調整しなくてはならない。シーズンが進むにつれて、チームの「柱」はより一貫性がある不動の存在となるべきであり、そのうえで、調整や変更が加えられ、進化させていかなければならない。

「成功の柱」の事例

以下、アリゾナ大学のいくつかの事例を示す。競技種目は異なるが、チームが目標達成のためにどのような「柱」に重きを置いてコミットしていたのかを読み取ることができる。また、各事例について、それぞれの「柱」に対するチーム評定が、シーズン中にどのように変化していったかを棒グラフで示した。

(1)女子競泳・飛込チーム(1998年)

〈目標 ⇩ 結果〉
- 全米大学選手権3位入賞 ⇩ 2位
- 全米大学選手権13名以上予選通過 ⇩ 12名通過
- 団体戦全勝 ⇩ 7勝3敗
- 学業成績（GPA）3・0以上 ⇩ 2・9

〈柱〉
- 「最善の努力」「自分たちへの鼓舞」「体調の管理」「個々の目標」「役割の受け入れ」「サポート」「リスペクト」「コミュニケーション」「先への見通し」「競技を楽しむこと」

(2)男子バスケットボールチーム(1994年)

〈目標 ⇩ 結果〉

・全米大学選手権　優勝 ⇩ 準決勝進出

・カンファレンス（パック－10）優勝 ⇩ 優勝

・ホーム戦全勝 ⇩ 14勝1敗

〈柱〉

・「役割の受け入れ」「選手同士のコミュニケーション」「コーチとのコミュニケーション」「自信」「厳しい練習」「規律」「願望」「才能」「仲間を立てる」「責任」「情熱」「結束」

(3)女子体操競技チーム(1996年)

〈目標 ⇩ 結果〉

・全米大学選手権6位以内 ⇩ 7位

・全米大学選手権（全米）出場権獲得 ⇩ 出場

・全米大学選手権（地区）出場権獲得 ⇩ 出場

・カンファレンス（パック－10）優勝 ⇩ 3位

図2　女子競泳・飛込チーム

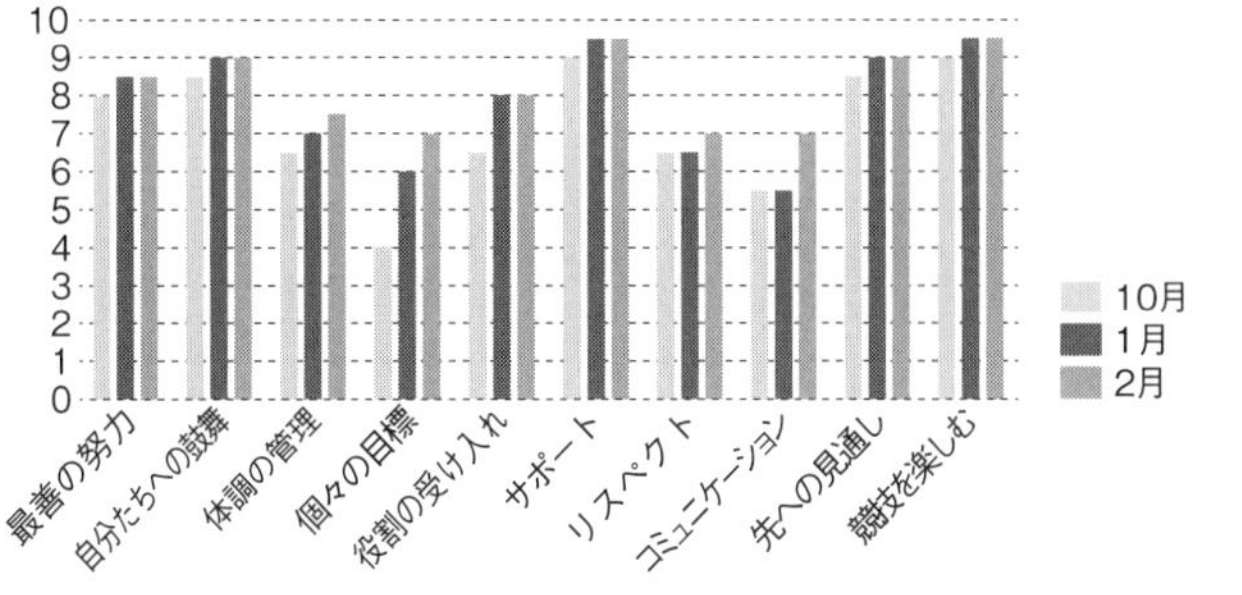

図3　男子バスケットボールチーム

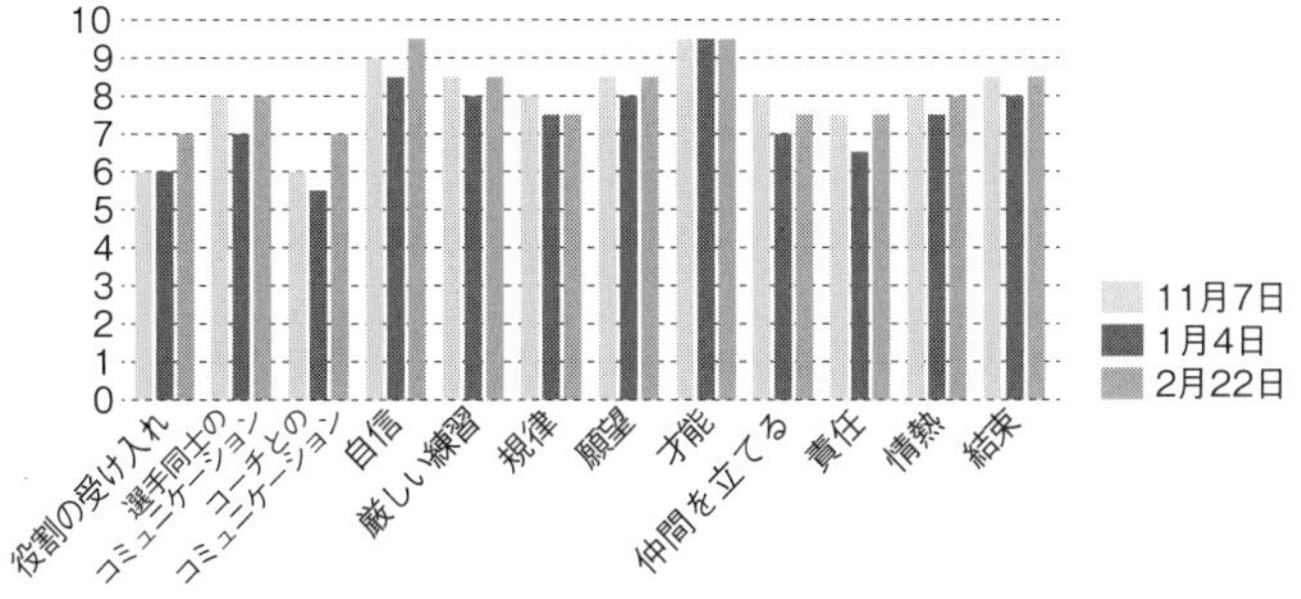

図4　女子体操競技チーム

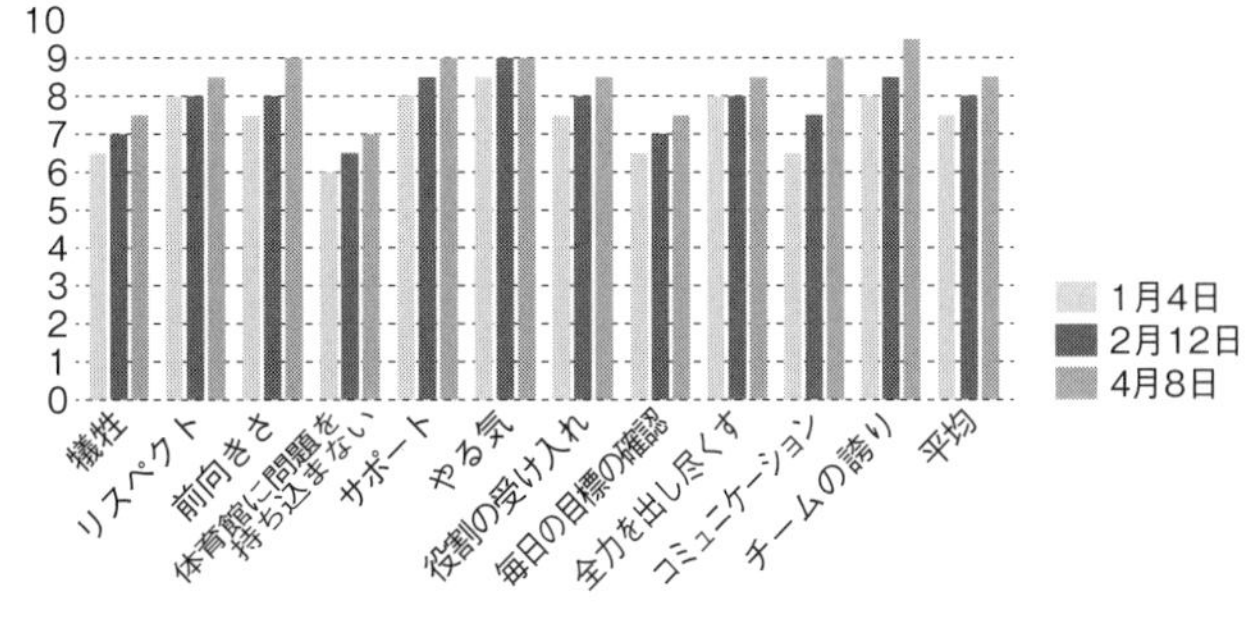

〈柱〉

・「犠牲」「リスペクト」「前向きさ」「体育館に問題を持ち込まない」「サポート」「やる気」「役割の受け入れ」「毎日の目標の確認」「全力を出し尽くす」「コミュニケーション」「チームの誇り」

チーム評定からの改善

チームにおける「成功の柱」を決めたら、チーム全体で、それぞれの「柱」に対する思いの高さや強みについての評定（10点満点）をおこなわせる。

まずは、選手がチームに対して個人的な評定をおこなうが、選手にとってはチームのことを省みる良い機会となるはずである。次に、チームのやるべきこと（ミッション）を決定したときのように、選手を再び小グループに分けて集める。それぞれのグループで選手の個人的な評定をまとめさせ、グループごとの評定結果を求める。そのときコーチは、グループから出された評定結果を正しく理解する努力を惜しまないようにする。

各グループの評定結果をボードに示すと、グループ間での違いが明らかになる。評定点で2・0以上の開きがある「柱」については、どうしてそのような結果になったのかをチームで話し合わせ、説明させる。そうすることによって、その時点でのチームの実態が把握でき、また今後の改善点も確認できる。

8・0以上に評定された「柱」はチームの強みと見なすことができる。そこで、選手に対して「8・0と高く評定しているが、その理由を教えてほしい」「8・0という評定点に対して、自分がどのような努力をしたと思うか?」と尋ねることによって確認させる。チームはその強みをしっかりと認識すべきであり、さらにそれをチームづくりに生かしていけるようでなければならない。

6・0もしくはそれ以下に評定された「柱」については、とくに気をつけなければならない。低い評定になった理由を話し合わせ、どうすれば改善できるのか考えさせる。

7・0と評定された「柱」についてもその理由を話し合わせる必要がある。7・0は「とりあえず大丈夫」という程度である。しかし、「とりあえず」では、達成したい目標には届かないのである。

シーズンを通して、気づき、コミュニケーション、評価、アイディア、問題解決といったチームづくりに欠かせない要因を見つけだすツールとして、「成功の柱」を使うとよい。「成功の柱」は、シーズンの進行に合わせて月ごとに更新しながら、何度でも確認することができ、また、チーム状況を把握するのにも非常に役に立つ優れたコミュニケーションツールなのである。

4 チームコミットメント

「成功の柱」の評定点にもとづいて、こんどはコミットメントの仕方について、選手に決めさせなければならない。コミットメントは、自分自身あるいはスタッフに向けて、可能な限り具体的な行動として示されなければならない。例えば「ベストを尽くしてコミットする」ではなく、「ウエイトトレーニングには必ず参加し、決められた回数を最後までやり抜く」と具体的に示すようにする。チームには通常、価値を認め、目標の達成に必要なチームとしての取り決めがあるが、コミットメントはその基準を示すことになるのである。

チームコミットメントについて話し合うことで、コーチはチーム規範を意図的に設定することができる。その際、チームの方針、チームでの取り決めを踏まえながらまとめていくことが重要である。すなわち、到達目標への効果的な道筋としてチーム規範を設定するのである。選手のほうもチームでの取り決めが示されれば、それを深く理解して従うようになる。チームコミットメントの意義と大切さを認識できるようになるからである。

チームコミットメントをリストアップし、大まかな合意が得られたなら、それらを紙に書き出し、数日内に選手の家に送付する。目標にコミットするだけでなく、個人として、あるいはチームとして、選手自らが進んでコミットメントを順守する責任を負うことも重要なのである。選手にはそのことについても考えてほしいのである。

もし、リストアップされたチームコミットメントに気がかりなことがあった場合、チームで公表し、それについて話し合わなければならない。ある選手がチームコミットメントに従いたくないと言うのなら、その選手には別のチームに移ることを勧めるべきであろう。しかし、選手がチームコミットメントに納得し、積極的に順守することを誓うのであれば、選手は共通認識を持っているということであり、チームはうまく進み始める。

チームコミットメントの実行表明

チームコミットメントの実行表明のセレモニーをやってもよい。それは選手個々のチームコミットメントに対する意志表明の場となり、選手に名誉な思いを抱かせ、チームコミットメントが揺るぎない存在であることを示すことになる。選手は記載事項について精一杯コミットすることを表明するために契約書にサインする。つまり、自らの意思でサインに応じ、チームの目標と取り決めの順守を誓うのである。全員がサインした契約書のコピーを各選手に配る。ラミネート加工して、ロッカーやチームノートに貼り付ける。全員がサインしたオリジナルは、額に入れてロッカールームの目立つ場所や、チームが日頃集まる場所に掲げておく。そのコミットメントシートは、チームの共通の目標とそこに到達する道筋をいつも思い起こさせてくれる。ほとんどのコーチは、これによってチームが共通認識を持った状態となることを期待する。チームの全員が同じ方向を向いている証拠であり、シンボルでもあるからである。

1970年代から1980年代にかけてバスケットボール選手として活躍した、**ビル・ウォルトン**＊28が次のような言葉を残している。

勝利とは、チーム全員が同じ方向を向いて初めて成り立つ。

＊28●ビル・ウォルトン（*Bill Walton*）名将ジョン・ウドゥンのもとUCLAで3年連続で最優秀選手賞。NBAポートランド・トレイルブレイザーズ（1974－78年度）を振り出しに、ボストン・セルティックス（85－87年度）でプレー。けがの多さに悩まされ、名前のビルがメディカル・ビル（医療費請求書）の〝ビル〟と言われたほどだった。

スローガンを使う

目標の達成とコミットメントの遂行のさらなる徹底をはかろうと、多くのチームが目標を具体的に表現したスローガン（標語）を作成している。

例えば、アリゾナ大学男子バスケットボールチームの場合、選手との話し合いのもと、各選手にスローガンを提出してもらい、いちばんよいものを投票で決め、背中にそれをプリントしてTシャツをつくった。その文言は「われわれは決して休まない（"The Best Never Rest"）」と「情け容赦なし（"Show No Love"）」だった。

シーズンに入ってからスローガンを〝試合中のかけ声〟にして利用することもある。例えば、アリゾナ大学女子ソフトボールチームの場合は、地区選手権、女子大学ワールドシリーズの出場に先立って、特別なキャッチフレーズをつくった。これは、チームの目標、達成への取り組み、コミットメントを簡潔に示しており、そのときのチーム状況を反映しているので効果を発揮する。チームが逆境に陥ったときに、チームの目標を再確認し、気持ちを新たにするときに使うとよい。試合や練習の前にチームを引き締める有効な方法でもあった。

更衣室の壁にモットーを描き、練習やゲームの前にタッチさせることもある。アリゾナ大学体操チームの選手は、チームコミットメントのポスターを作って体育館内の周囲にそれを貼り、選手が何をすべきかを常に思い出すようにしていた。落ち込んだりイラついたりするたび、そのポスターを見ては、「厳しい練習に耐えれば、次につながるのだ」、と選手が気をとり直す効果があったという。

絶え間ないコミュニケーションが鍵

チームが共通の目標を決め、コミットするプロセスには、本来オープンで率直なコミュニケーションがその中心にある。選手に目標と夢を持たせることが動機づけの原動力となっていく。時間をかけて選手に目標についてじっくり話し合いをおこなわせ、達成するのに必要な取り決めをつくらせる。シーズン中は、目標実現の可能性をコーチが定期的にチェックすることが重要である。そして「成功の柱」を確かめつつ、コミットメントへの意識を選手に喚起しなければならない。シーズンを通じて常にコミュニケーションすることが、選手がチームにコミットし目標を達成することにつながるのである。

〈文献〉

・Butler, R. J., & Hardy, L. (1992). The performance profile: Theory and application. *The Sport Psychologist*, 6, 253-264.

・Ravizza, K. & Hanson, T. (1995). *Heads up baseball*. Indianapolis, IN: Masters Press.

第6章 特別な役割

足りないところを互いに補うには（C3）

1950年代にNBAのボストン・セルティックスを名門チームに育て上げた**レッド・オーバック**＊29が次のように述べている。

とにかく優秀な選手が5人そろえば勝てると思っている人は多いかもしれない。しかし、優秀な選手でなくても、歯車がうまく噛み合う5人がそろえば勝てる。私にはそのことがやっとわかったのだ。

＊29●レッド・オーバック（*Red Auerbach*）　1949－50年度シーズンにNBAボストン・セルティックスのヘッドコーチに就いてからリーグ優勝9回。能力本位でスターティングメンバーを固定せず、ゲーム開始後も状況に合わせて最適な選手交代をするベンチワークをもっとも早く導入した。この選手起用戦略は後のセルティックスの黄金時代を支える起用法となった。また、勝利を確信すると葉巻を吸うことで有名だった。

1　役割の重要性

役割の重要性を理解させる

チャンピオンチームの中には、ロールプレイング（場面に応じた役柄を演じることで人間関係などを考える学習法）を用いて、各選手の役割の重要性を理解させているチームもある。レッド・オーバックも述べているように、優秀な選手を5人そろえただけでチャンピオンチームになれるわけではない。選手というのは、誰もが得点王、ホームラン打者、ランニングバックなど、華やかにスポットライトを浴びる選手を夢見ている。ところが、誰かが「縁の下の力持ち的役割」を引き受けないと、チームは困難な状況に陥ってしまう。例えば、ディフェンスの代役、ブルペンのキャッチャー、ポジションの重要度が低いとされているアメリカンフットボールのロングスナッパーといった役割である。

非常に優れた選手がそろっているのに、能力を発揮していないチームが少なくない。なぜならば、「自分が！」「私が！」といった、スター選手になりたい症候群に陥っているからである。そういう選手に限って、個人スタッツをすごく気にしている。周囲の目を引きたい下心からか、あらゆる機会にちょっとでも自分に関心を持ってもらおうと必死なのである。

損な役まわりは誰も引き受けたがらない。しかし、ほんとうのチャンピオンチームには、きつい、目立たない、そしてあまり見向きもされない〝損な役まわり〟を喜んで買って出る選手がいるものだ。

パット・ウイリアムス（P80参照）の言葉である。

チームのバランスがとれ、選手がよくまとまり、各自が与えられた役割を果たせば、スーパースター集団を倒すことができる。

ほとんど試合に出なかったMVP

1997年度のシーズンの男子バスケットボールNCAA選手権は、アリゾナ大学が制覇した。第4シードだったが、格上の第3シードのカンザス、ノースカロライナ、ケンタッキーの各大学を大方の予想を裏切って連破し、優勝してしまったのだ。専門誌『スポーツイラストレイテッド』は誰が見てもMVPはマイルズ・サイモン選手で決まりだろうと、表紙に彼の写真を大きく掲載した。ところが意外にも、選ばれたのはゲームの出番がめったにない身長180cmほどのガード、ジョシュ・パストナーだった。

このチームは優勝するには若すぎるというのが、関係者によるシーズン中の下馬評だった。だが、ジョシュには、選手権で勝ちたいという強い思いがあった。だから、1年生のガード、マイク・ビビーのシュート練習では、1本でも多く入るようにと、何時間もこぼれ球拾いに付き合った。さらに、夜遅くまでコーチングスタッフとビデオテープの分析をくりかえし、相手チームの弱点を徹底的にしぼりこむのを手伝った。チームが選手権に出るまでのゲームで、ジョシュが出場したのはわずか数分、しかもスコアが一方的になったときの終了間際だけだった。しかし、ゲームとは別のジョシュの貢献はチームの誰もが認めていたので、ジョシュがいなかったら優勝はできなかったという気持ちは一致していた。全米選手権では1秒もゲームに出ていないが、ジョシュは自ら重要な役割を果たし、それが優勝に結びついたのである。

マイケル・ジョーダンには代役が務まる選手が必要だった

ＮＢＡシカゴ・ブルズのマイケル・ジョーダンは常にスーパースターだったのに、自身が優勝を経験するまでに7年もかかった。「頼れるのは自分だけ」とばかり、ジョーダンは何シーズンも孤独な旅を続けていたのだ。他方、チームの経営陣はもっと彼を活躍させるチーム編成を前提に、新しい選手との契約を重ねた。ジョーダンが優勝を手にするには、信頼できる代役の選手が必要だったにちがいない。

6回もＮＢＡプレーオフを制覇したブルズは、足りないところを補い合うことができる選手がそろった素晴らしいチームだ。明らかに、マイケル・ジョーダンとスコッティ・ピッペンが点取り屋で、オフェンスの要だった。ジョーダンとピッペンのどちらかが2人がかりでマークされて、思うようにオフェンスができなくなる。するとスティーブ・カーに、スリーポイントショットで得点を稼がせる。見事な役割のこなし方だったのである。また、デニス・ロッドマンはきっちりリバウンドで重要な役を果たし、ローポストに対するディフェンスでも、完璧に自分のなすべきことをしていた。ロン・ハーパーは再三にわたって、相手チームのシューティングガードやスモールフォワードをマッチアップで抑えこんでいた。トニー・クーコッチはシュート力のあるシックスマン（スタメン5人の次に出てくる、ベンチスタートの控え選手）として、すべてのポジションのつなぎ役をこなしていた。ルーク・ロングリーは、ジョーダンやピッペンの負担を減らそうと、リバウンドからのシュートで点数を稼いでいた。このように、ブルズには2人のスーパースター、そして個々に持ち味を発揮してチームに貢献する役を全うできる代役がいた。だからこそ、NBAで1990年代に君臨できたのである。

実際に、1998年の優勝を含め、NBAプレーオフのファイナルで、ジョーダンがスーパーショットを何度も決めたことは、多くの言を重ねるまでもない。しかし、1993年と1997年の優勝は、2人の選手にピンチを救われたのだ。その役割を果たしたのが1993年のジョン・パクソン、1997年のスティーブ・カーだ。

最初のスリーピート（3連覇）を決めたファイナルの対フェニックス・サンズ戦では、試合終了の数秒前に決着のスリーポイントショットをパクソンが沈めた。いっぽう、5回目のプレーオフ決勝では、ジョーダンがダブルチームで執拗にマークされたとき、カーによるスリーポイントショットの連続得点で優勝が決まった。自分の役割をよく心得てそれを見事に果たすことによって、パクソンとカーの2人は、90年代のブルズの2度のNBA制覇において長く記憶に残る足跡を刻んだのだった。

マイケル・ジョーダン（P5参照）自身がこう述懐している。

プレーオフ連覇が始まった頃、チームは1人ひとりが役割、責任、能力を理解していた。優勝をねらうなら、チームはこういう姿でなければならない。

競技における作戦や戦略上の役割

どのようなスポーツ競技であれ、チームにおいては、選手個々人がさまざまな役割を分担しなければならない。種目にもよるが、たいていはチームの戦略やポジショニングに関係している。例えば、バスケットボールのポイントガードは、味方にパスまわしや動きを指示し、ノーマークの味方を見つけパスを出す。あるいはゴール下に切りこんでアウトサイドからのショットを打たせることもある。スリーポイントショットやスピードを生かしたドライブインなどで得点を稼ぐこともある。

ところが、役割分担において避けられない問題は、ある特定選手だけが注目を浴びることになってしまうことである。バスケットボールにおいて、ゲーム終了後にもっとも称賛されインタビューされるのは、ほぼ最多得点選手である。その選手をノーマークにするために体を張ってスクリーンする選手にスポットライトが当たることは非常に少ない。野球では、打点を挙げた選手には仲間がハイタッチで祝福する。しかし、バントでランナーを一塁から二塁に進めた選手に対しては、それほどでもない。新聞に写真が載るのは、最後の一球を投げてシャットアウトしたピッチャーの場合が多い。かけ声やサインで打者の打つ気をそらすキャッチャーが評価されることも少ない。アメリカンフットボールでは、タックルを巧みに避けて100ヤードを走り切ったランニングバックの選手には、ファンがサインをねだる。しかし、タックルしてそのチャンスをつくるのに貢献した選手にファンの目がいくことはない。つまり「目立つ役」を任されている選手には、コーチや親、ファン、メディアの注目が集まる。これでは目立たない役割を担っている選手は面白くない。しかし、こういう裏方とか縁の下の力持ち的な役割は、チームが成果を収めるためには、あるいはチャンピオンチームには絶対に不可欠なのである。

チャンピオンチームには、こういった役割を受け入れるだけではなく、役割そのものの重要性と価値をよく理解している選手が必ずいるものであり、そのような選手は、実際には目立たない役を担うことにプライドを持っている。すでに述べたように、役割に軽重をつけることが問題なのである。

人間というのは、周囲が自分のことをわかってくれないと、内心、動揺してしまう。しかし、結果を出すチームでは、仲間やコーチから感謝されるような役割を担う選手に対しては、チーム以外の人たち以上に感謝の念を抱いているし、選手もそのことをわかっているのである。

1990年代にスタンフォード大学女子バレーボールチームのヘッドコーチとして活躍したド

ン・ショー*30が、次のように指摘している。

チャンピオンチームは重要なものと重要でないものを見分ける。つまり、メディアの称賛、出場時間、個人的人気などは、チームが一丸となって戦ってきたことと比べると、さほど重要ではないことがわかっている。

*30●ドン・ショー（*Don Shaw*）　1977年にカリフォルニア大学サンタバーバラ校卒業。社会学専攻、副専攻はアスレティックコーチングだった。91年、パンアメリカン大会でアメリカ女子代表チームのヘッドコーチに就任。スタンフォード大学では92年度NCAA選手権決勝でUCLAに勝って優勝、さらに、94年、96年、97年と優勝している。

また、前出のリック・ピティーノ（P48参照）はこう語っている。

チームで引き立つポジションではなく、目立たない裏方的役割を担っている仲間の気持ちを汲むべきである。利己的な考えや態度を慎み、ひたすらチームに尽くしてくれていることに対して、みんなの前で感謝の気持ちを表すべきである。

チームにおける社会的役割

ところが選手に求められるのは、勝利をめざすための戦略や戦術の役割だけではない。チームは人間の集まりだから、そこには必然的に組織を維持するために必要な、一般社会と同様の役割も求められる。例えば、キャプテン、カウンセラー、ソーシャルカウンセラー、モチベーターあるいはチームクラウン（皆を笑わせ、気持ちを和ませる役割）などである。成果を出しているチームは、シーズンを通してこのような役割を分担して、チームという社会に貢献しているのだ。

(1)キャプテン……チームの成功には不可欠な役割で、自分の言葉と行動でチームを牽引する。

(2)カウンセラー……悩んでいる選手に気を配り、手を差し伸べ、悩みを聞いたりする。

(3)ソーシャルカウンセラー……チームの結束には大切な存在であり、チームのコート外の活動について、仲間の選手の気持ちを汲んで適切なアドバイスをおこなう。

(4)モチベーター……言葉を使ってチームのファイティングスピリットに火をつけ、やる気を起こさせる。

(5)チームクラウン……落ちこんで意気消沈しているとき、チームのムードを一変させてくれる。たまに調子に乗りすぎて、コーチが困惑するときもある。しかし、チームには必ずこのような役を担ってくれている選手がいる。コーチはそういう選手をよき支え役としてリスペクトし、その貢献に感謝しなければならない。

2 役割の受け入れ

コーチは、与えられた役割を選手に理解させ、それを自ら引き受けるように促す。選手が自分に与えられた役割を受け入れ、プライドを持ったときこそ、成果を出せるベストチャンスなのである。バスケットボールのポイントゲッター、フットボールのクォーターバック、野球のピッチャーなどのように、脚光を浴びる役を割り当てるのはたやすい。しかしながら、バックアップ（裏方）の役割を引き受けてくれる選手を得るのは非常に難しい。ではどのようにしてそういう選手を選ぶのか。

NBAシカゴ・ブルズが1990年代に6度優勝したとき、オールラウンドプレーヤーとして名を馳せた**スコッティ・ピッペン**[*31]が次のように述べている。

> **最大の試練が訪れるのは、チームでどんな役割を担うのかが決まるときだ。**

＊31●スコッティ・ピッペン（*Scottie Pippen*）　高校でのポイントガードの経験が生き、視野の広さやパスのセンス、巧みなボールハンドリングが冴えてセントラル・アーカンソー大学で活躍。しかし、大学と所属リーグがマイナーだったためプロから注目されることはなかったが、シカゴ・ブルズの目にとまり、NBA選手となった。

選手に役割を受け入れさせる

選手に役割を受け入れさせるのは、魔法のようにいきなりできることではない。コーチは、選手に役割を納得させる鍵を握っている。この流れを公式のように表わすと、次のようになる。

（コーチの役割の説明＋感謝の意）×（選手の役割の受け入れ）＝チームの成果

チームの成果は、各選手またはチーム全体の役割の受け入れ方にかかっている。各選手に役割を受け入れさせるためには、「チーム目標の達成には自分の役割が重要なのだ」という気持ちを抱かせるようでなければならない。選手は仲間、とくにコーチから感謝されると、自分の役割にやりがいを感じるものである。説明を受けた役割をきちんと把握するために選手はコーチと話し合うようになり、その話し合いによって、チームが成果を出すためにその役割がいかに重要であるかを認識させることもできる。

役割の具体的説明

役割を受け入れさせる最初のステップは、選手がその役割をしっかりと理解できるように説明することである。役割をはっきり説明すると、選手はオンコート、オフコートで何を求められているのかがわかってくる。野球のクローザー、バスケットボールのリバウンダー、サッカーのスイーパーなどのポジションで求められる役割の内容と責任は想定できる。だからすべては選手の能力次第であり、そのような役割の遂行には、まさに文字通りプロフェッショナルの技量がおのずと求められるので、誰でもよいということにはならない。

NBAを制覇していた頃のシカゴ・ブルズに話を戻すと、スティーブ・カーとジョン・パクソンの基本的役割は、スペースを見つけ、アウトサイドからのシュートを決めることだった。デニス・ロッドマンやホーレス・グラントは、もっぱらリバウンドとディフェンスを請け負っていた。ロン・ハーパーはディフェンス要員だった。そして、大黒柱のマイケル・ジョーダンだけにはちょっとした注意事項だけで、わざわざ役割を説明する必要はなかった。ともあれ、役割を受け入れたほとんどの選手は「絶対にやり遂げる」と決意する。それが、功を奏することになる。

チームが共通目標の達成に向かっているときには、責任がともなう役割に選手を関わらせるべきである。そうすることで、選手は自分がチームに貢献していると感じるからである。逆に責任を明確に示さなければ、選手はコミットメントを失い、チームケミストリーは崩れていく。

1960年代後半からNBAのコーチとして活躍した**ジャック・ラムジー**[*32]がポートランド・トレイルブレイザーズ在任中に、次のようにコメントしている。

チームづくりはそれぞれの選手に役割と責任をきちんと把握させることから始まる。

＊32●ジャック・ラムジー（*Jack Ramsey*）　ＮＢＡで１９６８年にフィラデルフィア・76ｅｒｓを手がけ、89年にインディアナ・ペイサーズを辞任するまで、ヘッドコーチを務めた。「ドクター」の愛称で呼ばれた。

選手に役割をしっかりと説明し、それについて実感を持って納得させるためには、選手と直接、話し合いの時間を設けるのも一つの手である。

まずは自らの役割やチームに貢献できていると思っていることについて、選手に尋ねることから始める。次に現状に対する不満の有無、今後のことについて希望していることを尋ねる。同時に、コーチの対応に対する意見や要望なども聞くようにする。さらには、選手が別の役割を担いたいと申し出てきたら、本人が望むように調整する話し合いを持つことも大切である。話し合いの内容は、練習のやり方から他のチームへの移籍まで、広範囲におよぶかもしれない。話し合いの成否は、選手とコーチとの間に率直な関係性が築けるかどうかにかかっている。

フィル・ジャクソン（P27参照）は次のように述べている。

勝利への唯一の道のりは、スタメンからベンチメンバーまで、選手全員に価値ある役割を与えることだ。

全米大学男子バスケットボールで1980年代にウエイクフォレスト大学、2000年代にサウスカロライナ大学でヘッドコーチとして指揮を執った**デイビッド・オドム**＊33が次のように示唆している。

チームでの役割の要点をじっくり理解させ、選手にそれを受け入れさせることが、チームの勝利につながる絶好の機会をもたらしてくれる。

＊33●デイビッド・オドム（*David Odom*）　1989年にウエイクフォレスト大学のヘッドコーチに就任。NCAA選手権7回連続出場、全米大学招待選手権〈NIT〉優勝1回。2001年からサウスカロライナ大学のヘッドコーチに就任。NCAA選手権出場1回、05年、06年の優勝を含めてNIT出場3回。

また、選手同士で役割を理解させる方法もある。選手を車座にさせ、コーチがひとり目の選手の名前を挙げる。例えば「ジェニーがチームで果たせる役割は何だと思う？　われわれが決めた目標を達成するためにはどのようなことをやってもらいたい？」と、話し合いのきっかけをつくる。ジェニーがスタメンだったら、選手たちはゲーム中の様子から、役割を果たしているかどうかについての感想を述べる。スタメンでなければ、例えば、けがをした仲間の代役として常に準備しているか、といったことも話し合わせる。そして次の選手に移り、全員が終わるまで続けるようにする。

役割の受け入れへの感謝

役割の内容を明確にすることは重要である。しかしいっぽうで、役割の受け入れへの感謝の意を表明することには、それ以上にはるかに重い意味がある。優れたコーチはこのことをよく認識しており、役割に対して感謝し合うことがいかに大切であるかを選手に気づかせるのである。

ある年の夏のバスケットボールキャンプのときのことである。チームには、素晴らしいシュート力、巧みなボールハンドリングスキル、優れたディフェンス力、そのほかにもさまざまな面で優れた能力を持った選手はいたけれども、唯一、リバウンドを猛然と競り合う選手がいなかった。

そこで、クリスティーナという選手に白羽の矢を立てた。身長はそれほどでもなかったが「チームの大黒柱はポイントゲッターのビリーだと思うが、いまチームが必要としているのは、リバウンドに果敢にとびこむリバウンダーだ。リバウンドが取れなかったら試合には勝てない。きみなら素晴らしいリバウンダーになれると思う。もし、リバウンドを取りまくってくれたら、優勝も不可能ではなくなってくる。このキャンプの残りゲームできみの得点が1ケタ台だって構わない。それよりもリバウンドを10本くらい取ってくれたら、ゲームの主導権を握ることができ、そのことが勝利につながる」と話した。

試合中であれ、タイムアウトのときであれ、あらゆる場面でクリスティーナに「リバウンド！リバウンド！　リバウンド！」と言い続けた。そして「よくやっている、その調子でがんばれ！」

とくりかえし励ました。もはや本人は、アウトサイドからシュートすることは頭にはなく、シュートする素ぶりさえ見せなかった。とにかく、チームがボールを保持するや、仲間のシュートのリバウンドを取るために、ポジショニングを必死に相手と競り合っていた。クリスティーナはリバウンドボールに飢え、リバウンドを取ることに大きな誇りを感じていた。キャンプ中の残り試合では、まさに激しいリバウンドの奪い合いに没頭し、クリスティーナのがんばりに勝利を託すようになっていた。

チームにクリスティーナのような選手がいるのか。あるいは、どうすればクリスティーナのように役割に誇りを持たせることができるのか。

アメリカでは誰もが知るレジェンドコーチ、**ジョン・ウドゥン**＊34が、次のようなひと言を残している。

ショットを成功させるためには10本の手（リバウンド）が必要だ。

＊34●ジョン・ウドゥン（*John Wooden*）1929－32年、パデュー大学で活躍。在学中の専攻は英語だった。46－48年、インディアナ州立大学のヘッドコーチを経て、48年にUCLAコーチに就任。63－64年度シーズンから74－75年度シーズンまでの12年間でNCAA制覇10回。そのうち、全勝優勝4回、66－67年度シーズンから7連覇、シーズン88連勝という不滅の戦績を残した。「成功のピラミッド」はあまりにも有名。

リック・ピティーノ（P48参照）の言葉を紹介する。

チームのために個人目標をあとまわしにしてほしいと選手に頼むとき、コーチはそれが犠牲を強いることになるのを承知している。コーチには、その苦しい胸の内を選手に伝えることも必要であるが、それよりも、応じてくれた選手に感謝の気持ちを伝えることのほうが重要なのである。

受け入れた役割にプライドを持たせる

役割の受け入れを促す方法は、選手に役割を担うプライドを持たせることである。クリスティーナやデニス・ロッドマンの話は、リバウンダーという役割にプライドを抱かせる良い例である。もちろん、他にもチームのモチベーターやスイーパー、ディフェンダーといったさまざまな役割に誇りを持つ選手がいるだろう。メディアやファンの評判はどうであれ、それぞれが担う役割は大いなる貢献なのだから、選手にプライドが感じられるように説明しなければならない。

本書に序文を寄せてくれたマイク・キャンドレアは、選手にプライドを植えつける効果的な方法を実践していたが、その中でも、ひとつだけ印象に残っている例を紹介しよう。それは、キャンドレアが人前では感謝の気持ちを言葉で伝え、別の場では、言葉だけではない別のやり方で感謝の気持ちを伝えていたことである。彼は、選手、アシスタントコーチ、サポートスタッフには当然、感謝の気持ちを言葉で伝えていたが、とりわけ、ＮＣＡＡ選手権で優勝したときは、それまでチームを支えてくれていたヘッドコーチ室の秘書、ピークパフォーマンス支援コーチ、用器具係、グラウンドキーパーたちにも感謝の気持ちを言葉で伝えていた。

さらに、ポケットマネーでＮＣＡＡ選手権優勝記念Ｔシャツを買い、裏で応援してくれていた大学体育局スタッフに贈呈していた。どのようなかたちであれ、優勝するまでチームに尽くしてくれたすべての人たちの、かけがえのないサポートへの感謝の証である。彼に感謝されたすべての人たちに自分の役割に対する大きなプライドを持ってもらい、彼も多くの人びとから最大のコミットメントと支援を得たことになる。

ビジネス界のマネジメント（会社経営や社員管理の手腕）に関して、次のような言葉がある。

あとで報われるのであれば、最後までやり遂げるものだ。

3 選手に対する賞賛

役割を果たした選手名を示しながら褒める

選手が果たした役割をチームとして認めるには、コーチが選手の名前と果たした役割をはっきりと示し、褒めることが重要である。もとノースカロライナ大学男子バスケットボールチームのヘッドコーチのディーン・スミスは、シュートにつながるパスやアシストをした場面を具体的に説明して、それに貢献した選手を必ず褒めていた。マイク・キャンドレアはランナーを進塁させるためのバントやフライを成功させた選手を必ず褒めていた。

誰かが負わなければならない重要な役割と、それを果たした選手の名前をきちんと示すことは、単純ではあるが、そのことから得られる効果は大きい。ファンやテレビカメラはいつもオフェンスラン、シュート成功、タッチダウン、ゴールキックなどに絡んだ選手だけを追いがちだが、チームの勝利のために裏方的役割を担う選手への目配り、気配りを怠ってはならない。勝利の美酒はチーム全員で味わうほうがよいことは言うまでもないからである。

役割を果たした選手を内外に知らしめる

役割を認めるには、チーム表彰によって選手の功績をチーム内外に知らしめる方法もある。とくに縁の下の力持ち的役割を担っている者には、ファンやメディアはさほど関心を示さないかもしれないが、目立たなくても大切な役割を果たしている選手がいるのをコーチは見落としてはならない。例えば、並外れたメンタルを発揮した選手、練習やゲームでもっともがんばった選手、フォア・ザ・チームのスピリットで仲間を誠実に励まし続けた選手、あるいはバスケットボールでリバウンドやディフェンスなどでがんばった選手、ソフトボールや野球で犠牲バントやフライを成功させた選手、フットボールでブロックを成功させた選手などである。

選手のがんばりを称える賞については、コーチが考え出すこともできるし、場合によっては名称を提案させてもよいだろう。仕組みはコーチのアイディア次第なので、選手のロッカーに記名式の投票用紙を貼っておくなど、チームで約束事を決めればよい。

チームワークの鍵は、役割を学び、受け入れ、そして最高にやり遂げられるように努力すること。

パット・ライリー（P5参照）の言葉である。

役割の重要性をチームや関係者で認め合う

役割の重要性をチームやその関係者で認め合うには、ジグソーパズルを用いる方法もある。掲示板にチームロゴ、マスコットの写真、あるいはチームの目標などをプリントしたシールを貼っておく。ほぼ全員が目にしたあと、そのシールをチーム関係者の人数分になるように切り分けてピースにする。前出のマイク・キャンドレアのように、裏でチームを支えてくれたサポートスタッフへの配慮を忘れないように注意する。各選手にピースを持たせ、残りはサポートスタッフに持たせる。それから、選手とサポートスタッフに各ピースを組み合わせてもらい、掲示板のシールを完成させる。このとき、全員がピースの組み合わせに関わっていることを自覚させることが大切である。ピースがひとつでも欠けると、当然、掲示板のシールは復元できない。

もし、ひとりでもピースの組み合わせをやめてしまったら、掲示板のシールの復元は中途半端になってしまう。ピースの組み合わせに成功してシールを復元できれば、結果的に、チームが一体となった共同作業をやり遂げたことになる。

4 チームリーダーの育成

チームリーダーの役割

選手が果たす役割の中でももっとも重要な存在は、チームのリーダーシップを担うキャプテンである。本来、リーダーシップはコーチの役割であるが、成果を出すチームには必ず、前向きで責任感の強いリーダーが存在する。コーチと同様にそのリーダーは、チーム目標を把握しており、コミュニケーションができる雰囲気をつくり出し、チームの対立を解消する手腕を持ち合わせている。また、仲間からリスペクトされ、信頼されている。

キャプテンという役割は、多くの選手にとっては重荷になる役割である。下級生であればなおさらである。キャプテンはいつもチームの仲間から注目されるばかりでなく、自制心、練習やゲームに対する見識が求められ、何が起こっても毅然とした態度を維持しなければならない。さらに問題が起きたときには、仲間をうまくまとめ、機転をきかせることができ、勇気を持った行動力も備えていなければならない。ときには仲間に迷惑がおよばないように深入りすることもあるだろうし、公然ときついことを言われることもあるだろう。また、チーム内の自分に対する批判や不満が耳に入ってくる厳しい役割でもある。

しかし、コーチが頼りになるキャプテンを育て上げることができれば、それまでの苦労は十分報われるに違いない。チームに問題が起きても、選手と距離が近いキャプテンが解決の糸口を見つけてくれるかもしれないからである。また、優れたキャプテンであれば、選手の行動がチームの方針から逸脱しないように見守ってくれるので、それはコーチの仕事の手助けにもなる。また、練習での緊張感、ゲーム前の準備、コミットメントの持続を確実なものにしてくれる。そればかりか、チームにコミットしていない者がいると、誰よりも早く問題を察知し、コーチが知る以前に、あるいはコーチが直接関わらなくても、その問題解決に乗り出してくれるに違いない。

キャプテンの決め方

チームキャプテンはどのようにして決めるべきなのだろうか。まずは、それにふさわしい選手がいないかどうか、チーム内を見わたしてもらいたい。あるいはリーダー向きで評判の高そうな選手がいないかどうか、チーム関係者の中で候補を探ってみる。候補が見つかったら、「チームリーダーとして今シーズンのキャプテンをやってくれないか」と切り出し、具体的かつ率直に話し合う。チームのためにその重責を担う気持ちがあるのかどうか、確認しなければならない。コーチの話に納得できれば、大半の選手は名誉ある役割であると考え、引き受けてくれるであろう。

キャプテンを内諾した選手と、望ましいリーダーシップはどうあるべきかについて話し合ってもらいたい。選手のコミットメント、態度、練習やゲームに対する考え方などの観点から、キャプテンがどのような役割を担っているのかを十二分に理解させる必要がある。さらに、チームの仲間とコミュニケーションをとれるかどうか、仲間への配慮ができるかどうか、必要なときは仲間と厳しい話し合いも辞さない立場を貫き通せるかどうか、覚悟のほどを確認しておかなければならない。そして最後に、チームリーダーとしてのチャレンジであり、難しい状況に遭遇するときがあることも説明し、本人の最終決断を待つ。

多くのコーチは、リーダーシップの責任を上級生または年長者に持たせようとする。一般的にはコーチのこの判断は正しい。ベテラン選手はコーチがどのように対処し、何を想定しているか、いち早く気づき、コーチの意図や真意を汲み取る経験を積み重ねているからである。経験的に言えば、チームが高校や大学であれば、年長者の中には、チームの重要な役に就くことによって、経歴に箔をつけて終わりたいという思惑もあるようである。

マイク・キャンドレア（P８参照）の言葉を紹介する。

> 上級生のリーダーシップの有無が分かれ目となる。上級生のリード次第である。なぜならば、下級生、それもとくに1年生は上級生が決めたことに従うからである。上級生が率先してチームを前向きに引っ張っていく気持ちがある限り、チームは前進する。

キャプテンとしっかりとした話し合いの場を持つ

コーチは、キャプテンと時間をかけてじっくり話し合ってほしい。とくにシーズンの初めには、チーム内の情報とその収集の仕方について話し合うのは非常に重要である。いつ起きるかもしれないチーム内の対立をうまく解決しなければならないからである。そのためには、キャプテンがリーダーシップを発揮できるように、メンタル面からのアドバイスも不可欠である。シーズンを通してキャプテンと話し合うことで、チームが不調に陥ったり、複雑な対立を起こしたりしても、それらを回避することができるのである。

シーズンの経過とともに、コーチは定期的にチームの実態把握に努め、打つべき手が必要になったときには、キャプテンと話し合う時間を持つようにする。チームのことであれ選手個人のことであれ、懸念事項はすべてキャプテンと共有し、その解決のために協力し合う。そしてそのつど、キャプテンに対して信頼とリスペクトの気持ちを伝えることが重要である。話し合いの内容を他に漏らすことなく、正直にお互いの意見を出し合い、率直に臨む態度を常に維持していなければならない。

第7章

明瞭なコミュニケーション

チームが心を通わせ
前向きになるには（C4）

1 心を開いたコミュニケーション

チームにおけるコミュニケーションの大切さについて、第1章で紹介したジョン・トンプソン（P3参照）が、次のように語っている。

モチベーションがなくてもコミュニケーションすることはできる。しかし、コミュニケーションがなければモチベーションを高めることはできない。

チャンピオンチームは優れたコミュニケーション能力を備えている。コミュニケーションは練習やゲームのときだけではなく、コートやグラウンドを離れても大切である。成果を収めているチームは、コーチと選手の間、それに選手同士のコミュニケーションがよくとれていて、わだかまりがなく、信頼できる関係で結ばれている。

効果的なコミュニケーションは、相手の意見や考えに耳を傾けてよく理解し、自分の考えや意見も相手に伝えながら、それらを総合して行動に移すことで成り立つ。「コミュニケーションとは双方向的なものである」という昔から伝わる言葉は、まさにその通りである。したがって、コーチと選手はお互いにすぐに理解できるクリアでかつ具体的な言葉でやりとりするよう心がけるべきである。また、お互いに耳を貸し、素直に受けとめなければならない。

当然ながら、効果的なコミュニケーションはチーム内の対立を回避し、解決をはかる最善の方法の一つだ。コーチと選手が効果的にコミュニケーションがとれていないと、口に出したことと出さなかったことを取り違えて、一瞬にして誤解が生ずる。誤ったコミュニケーションと言葉の誤解は、チームのトラブルの最悪の原因となる。ときには対立そのものでなく、不十分なコミュニケーションのために一層フラストレーションが募るようになる。

すでに紹介したリック・ピティーノ（P48参照）は次のように述べている。

> もし、チームでうまくコミュニケーションがとれなければ、勝利の可能性は著しく小さくなる。効果的なコミュニケーションこそ、さまざまな難問解決の決め手となる。

4種類のコミュニケーション

成果を収めているチームはさまざまな状況の中で、その場に応じて効果的にコミュニケーションをとっている。コーチと選手は、時と場所の空気を読んだコミュニケーションができなければならない。チームに不可欠なのは、「コーチと選手」、「選手同士」、「ゲーム中」、「私的」という4種類のコミュニケーションである。

❶コーチと選手とのコミュニケーション

くりかえすが、コーチと選手とのコミュニケーションは双方向でなければならない。すなわち、コーチは選手に対して、明確にチームでの取り決め、要望、目標、フィーリング、期待を伝えなければならない。さらに、コーチに対して自分の目標や不満を言うことができると感じさせなければならない。選手がもっとも混乱するのは、コーチと話し合っているとき、コーチの立ち位置がわからなくなってしまうことである。定期的にどの選手とも「2分間対話」の場を持つと、選手はコーチがどういう立場で語っているのかわかるので、不安が和らぐ。

コーチはときどき選手の調子を確かめ、コーチが何を考えているのかをわからせることが大切である。例えば、コーチが「練習もゲームもよくがんばっている。いいぞ、その調子だ」あるいは「授業のほうはどうだ?」など、いくつかの視点から選手に声をかける。選手はコーチから何も言われないと心配になり、自分は相手にされていないなどと思いこんでしまう傾向がある。

だから、〝名コーチ〟と評されているコーチは、選手に対していつもドアを開けておく。したがって、選手とコミュニケーションをとるために、言葉を交わす時間の余裕を持ち、選手が気軽に話しかけてくる雰囲気を醸し出しているのである。ゲーリー・バーネット（P7参照）は、ミーティングで選手が発言したいと思ったら、いつでもコーチの話に割りこんでよいことにしている。すなわち、選手の発言を優先し、コーチは自分の発言をストップすることによって、選手の発言を尊重するという方針を選手に感じ取らせているのである。そして、選手と対話するときは〝選手目線〟で、選手が言うことを聞き落とさないように注意する。つまり、選手との実りある対話は、選手が率直に話すのをコーチが聞き漏らさない「聞く耳を持つ」ことなのである。

パット・サミット（P9参照）が次のように語っている。

> オープンかつ誠実なコミュニケーションは、信頼を築くもっとも重要な要素である。コーチは率先して、心を開いたコミュニケーションがおこなわれる空気を醸し出す役割を果たさなければならない。

NFLの古豪サンフランシスコ・49ersのヘッドコーチとして活躍した**ビル・ウォルシュ**[*35]が、次のように述べている。

> コーチは選手とは上から目線ではなく、同じ目線でコミュニケーションしないと、チームは勝てない。

＊35●ビル・ウォルシュ（*Bill Walsh*）　スタンフォード大学チームからＮＦＬに転身。49ｅｒｓで地区優勝6回、ＮＦＣ（全米フットボールカンファレンス）制覇3回、スーパーボール優勝3回を成し遂げた。

❷選手同士のコミュニケーション

選手同士のコミュニケーションも非常に大切である。言うまでもなく、チームが好結果を残すためには、コートやグラウンドでお互いの意思の疎通をはからなければならない。例えば、野球でフライボールを誰がキャッチするか声をかけ合うとき、バスケットボールで相手がスクリーンしてきたときにディフェンス同士が何度も声で注意し合うときなどである。このようなゲーム中のコミュニケーションは絶対に欠かすことはできない。それに､成果を収めているチームは、コートやグラウンドを離れても、選手同士のコミュニケーションが活発である。選手にはチームの仲間と悩みや問題について話し合える雰囲気が必要なのである。

❸ゲーム中のコミュニケーション

ゲーム中のコーチと選手とのコミュニケーションはすばやく、手短で、要点をしぼったものでなければならない。しかも、ときには荒々しく、身振りを交えて叱咤するように、そして、率直に話すことも必要である。長くてくどい説明や、選手のテンションと集中を切らしてしまうようなことはあってはならず、プレーのことに焦点をしぼる。また、コーチやベンチからの指示が厳しい口調だと、言われた当人はゲームに戻ったときに自分だけが責められたと受けとめる場合もある。選手には、この簡潔なコミュニケーションが誰かを責めるものではなく、短い時間に少しでも多く重要なことを伝えようとしているということをわからせなければならない。

例を挙げれば、バスケットボールでは、マークしている相手を変えるときのスイッチを伝えるとき、ディフェンスでヘルプしてもらうとき、ショットクロックのブザーが鳴るまでに味方にシュートさせるときなどである。野球またはソフトボールでは、カットプレーを伝えたり、どのベースに投げるのかを指示したり、フライボールをキャッチする際に味方に合図するときなどである。このようなコートやグラウンド上のコミュニケーションがなくては、チームは効果的に戦うことができない。それらのコミュニケーションはゲームに出ている選手に得点させようとするだけのものではない。攻防の展開や戦術をも迅速かつ的確に伝える目的もあるのである。

だから、手短で、ずばり的を射た言い方でなければならない。とはいえ、野球のイニングとイニングとの間、バスケットボールでゲームクロックが止まっているときなどは、ちょっと和らいだ感じのコミュニケーションのほうがよいだろう。成果を出すチームは、ゲーム中にお互いを気遣う独特のセンスを身につけている。仲間の集中力が落ちてきたと思うときは、「大丈夫か?」と声をかけ、プレーに迷いが出てきたと見るや、「気持ちを切り替えろ!」と気合いを入れ直させる。がっかりしたり、イライラしたり、集中できなくなっているときにこそ、コミュニケーションは生きてくる。チームの共通目標からぶれ始めている仲間に言葉をかけることで、チームを引き締め直すという役割もある。選手同士はコートやグラウンドを離れてもお互いに気を配り、さまざまな意思疎通があるからこそ、ゲーム中に声をかけ合うことができるのである。

④私的なコミュニケーション

ゲーム中のコミュニケーションでは、ゲーム状況に対する正確な情報が伝わらなければならない。しかし、私的な場合は仲間の気持ちを傷つけないように、また言いすぎないように心がけ、また、相手の気持ちを汲まなくてはならない。だから、私的なコミュニケーションでコーチやチームスタッフがチームのことを話題にするときには、練習やゲームのことには触れないほうが無難である。次の第8章では、このようなコミュニケーションの場合、前向きな方法で選手とはどのように対応するのかをとり上げる。

話しかけるときのヒント

コーチから選手への発信をより効果的におこなうために、あるいはミスコミュニケーションに陥るのを最小限にくいとめるためには、言われている側がすぐに飲みこめる言葉を選びながら伝えることが必要である。是非、次のようなヒントを参考にしてもらいたい。

(1)顔を合わせて……コーチと選手との間では、顔を合わせた場で話すべきである。当事者でない選手から伝えさせると、その選手が忘れてしまったり、真意が伝わらなかったり、内容がぼやけてしまうリスクが生ずる。

(2)話すときはすべてのことを具体的に……伝えたいことは洗いざらい話すようにする。しかし、時間が長くなると、コーチは（言っていることはすべて）選手に伝わっていると思いこんでしまい、逆に肝心なことを言い逃してしまうことがある。時間がかかるときはあらかじめ話す内容と順序を確かめておくとよい。

(3)矛盾がないこと……コミュニケーションの内容に矛盾がないように注意を払うべきである。その日に話したことが、翌日の話と基本的にくい違わないようにすべきである。

(4)必要性と気持ちを伝える……コミュニケーションとは、話す側から「伝える必要性とそれに対する気持ち」を他の者に発信するものである。この2つが明確に伝わらなければならない。

(5)要点をしぼる……そのつど、コミュニケーションの要点をしぼる。次から次へと内容が変わると、聞く側は戸惑い、混乱してしまう。

(6)理路整然と……次のような〝三段階法〟を使う。
①これから話そうとする要点を最初に言う　②本題を話す　③話したことを念押しする

(7)聞いている側に立って……聞いている側が理解できる言葉を使って話す。ともすれば、コーチの話が「事例を通じた教訓」ではなく、「事例そのものの解説」になってしまうことがある。

(8)言い方の転換……話のポイントを「願望と回避」にしぼる。これまで、ゲームの正念場でファウルの笛を吹かれないように、「ファウルをするな！」と選手に何度くりかえしてきたことか。それよりも、選手には「考えてディフェンスしてみよう！」と言ったほうが、はるかに効き目がある。

(9)関心を引く……他の選手の名前を出すことで、相手に聞く気持ちを起こさせ、チーム全体がさらにコーチが言うことに関心を持つようになる。

(10)理解のためのチェック……話す側の意図を聞く側に明確に理解させる。話し終わったら、「何を言いたいのかわかるかい？」と聞くのがもっとも有効な方法である。コーチが言ったことの一部でも選手がその通りに言えれば、話は通じている。選手が答えに詰まったら、あらためて、くりかえしたり、言いかえたりする。

レッド・オーバック（P120参照）が、次のような言葉を残している。

コーチは選手にただ単に話しかけるのではない。選手に聞いてもらうために話すのだ。

言葉によらないコミュニケーション

とくにコーチにとって、言葉によらないコミュニケーションは見落とされがちであるが、重要である。コーチが練習中に一言も発することなく、ずっと黙ったままでも、選手はコーチのボディランゲージ（動作や表情）から多くのことを感じとっている。コーチが愛想を尽かして首をすくめたり、頭を横に振ったり、クリップボードを投げ落としたり、選手に不信の念を抱くような目つきをすることは、それまで使ってきたどんな言葉よりもインパクトがある。

コーチには、選手に対するボディランゲージについて、コーチングスタッフとじっくり検討してもらいたい。なぜならば、コーチは練習中のボディランゲージをどのように、どれほどやっているのか、ほとんど意識していないからである。コーチングスタッフのアドバイスを参考にして、選手にコーチの「思い」が届くボディランゲージにしなければならない。

2 効果的なフィードバック

相手の心の反応を引き出す配慮

コーチと選手にとって、「反応すること」は重要なコミュニケーションスキルである。素晴らしい成果を出している多くのコーチは、消極的、否定的な反応よりも、積極的、示唆に富んだ反応のほうがはるかによいことをわかっている。前出のジョン・ウドゥン（P135参照）は例えば、「そのショットは良くない」というネガティブな言い方ではなく、「膝を曲げる、バウンスパスを使う、シュートするサイドを変える」という指示的な表現を用いて指導していたとされる。

コーチと選手がお互いに反応できるように、また、選手がモチベーションを高め、能力を向上させることができるように、次に示すポイントをおさえたフィードバックを心がけてもらいたい。チーム環境に積極的な雰囲気をもたらし、それらを維持するのに役立つであろう。

(1)積極的に……人間は、フィードバックが消極的ではなく積極的なものであれば、より良く反応する。マネジメントの専門家ケン・ブランチャードらが『*The One Minute Manager*』(『1分間マネジャー』、ダイヤモンド社、1983年)で「リーダーの仕事は教える・ほめる・叱る。たったこれだけだ」とリーダーの要諦を説いている。また、「正しく何かをしている人をキャッチせよ」とも述べている。

(2)具体的に……コーチからのフィードバックは、可能な限り具体的であるほうがよい。例えば、「よくやった」と言うのはごく普通だが、「ローポストのプレーヤーに確実にボールが入る角度のところまでドリブルで下がったのが良かったぞ」のように、選手のプレーの何が良かったのかを具体的に伝える。選手がその成功感を抱いている間は、そのナイスプレーをくりかえそうとするので効果的である。

(3)直後に……選手へのフィードバックは、練習が終わるのを待たずに可能な限りその行動が起こった直後におこなう。単独か、あるいはまとまっているかどうかを問わず、選手が何か好ましいことをしたら、まさに「そのとき、その瞬間」に言うように心がける。

(4)誠実に……フィードバックは誠実におこなう。そうしないと、最後はフィードバックしたことが裏目に出ることがあるからである。コーチの中には選手をやたらと褒めたがる者がいる。褒める回数は多いが、本音は得てして「この次もそういうふうにプレーしてくれれば……」という単なる願望の域を出ていない場合がある。計算ずくで褒める回数を増やそうとする意図は選手の鼓舞にはならず、むしろ、「自分はただおだてられているだけじゃないのか？」という疑いを抱かせてしまうときもある。したがって、選手へのフィードバックは、正直で誠実であるべきだということを心に留めておいてほしい。

(5)教え始めのときはこまめに、選手が覚えたら少なく……新しいスキルや戦術を選手が初めて学ぶとき、それをものにしようと一生懸命になるので、選手を前向きにさせるようなフィードバックが必要である。選手が成果を出せないでいるときや、選手が習得するのに誤った方向に向かっている場合、それらを正しく軌道修正するには、早めにフィードバックをくりかえすことが重要である。そうすることによって、選手はスキルと戦術を正確に覚えて自信を取り戻していくので、おのずからコーチのフィードバックは減っていくようになる。

(6)努力と成果の両方に目を向けて……選手の努力と成果に対するフィードバックは確実におこなう。たまには、やるべきことをすべてやっても望ましい成果を出せない選手もいる。そのような選手に対しても、がんばりに対しては称賛の言葉を送るようにする。

リック・ピティーノ（P48参照）は次のように語っている。

コーチは選手にさらなる努力を求め続けよ。コーチはその努力を見落とすことなく、いかにそれを認めているのか、いつも選手にわからせよ。

ミスの修正（サンドイッチ法）

選手が成果を出しているときには積極的なフィードバックが必要であるが、ミスが続いているときも効果的なコミュニケーションをとる必要がある。「サンドイッチ法」は、選手のミスを修正する際の非常に効果的な方法である。修正に集中して取り組ませることができるのと同時に、選手は自信を持つことができるようになるからである。修正のフィードバックにつながる「サンドイッチ法」は、次のように作用する。

（＋）前向き……まず、選手の積極的なプレーに触れて、その意義や価値を説明する。
（－）修正……次に、そのプレーを別の視点から分析して、異なった見方を説明し、理解させる。
（＋）前向き……その説明から、新しい積極的なプレーにチャレンジするように選手を励ます。

例えば、「モニカ、あのフィールディング（ボールさばき）だと、少し危ないぞ」という代わりに、サンドイッチ法を使って、次のように表現してみる。

(＋)「ボールの飛んでくるコースを予測して、キャッチの位置を変えた動きは素晴らしい」。

(－)「ところが、位置を変えたあとに、グローブの構えをバックハンドにしている」。

(＋)「そうしたほうが、もっと確実にボールをさばけると考えてのことだろう。これはボールさばきのコツがわかってきたということだ」。

このような「サンドイッチ法」を使ってフィードバックすると、選手は自信を失わないし、逆にもっと理解を深める。それに加えて、コーチは選手のプレーの修正もできる。このように、選手の「ミスしてしまった」という気持ちを「次からはノーミスで」という気持ちに切り変えさせていくことが重要である。

１９９０年代にＮＢＡのヒューストン・ロケッツのヘッドコーチとして活躍した**ルディ・トムジャノビッチ**[*36]が次のように述べている。

ミスの修正は、コーチングのもっとも重要な部分のひとつであり、コーチが選手に言うことの大半がミスの修正だ。その際の言葉使いにはとても神経を使う。選手にネガティブな指摘をするときは、やる気を持続させるために、必ず褒め、励ます言葉をつけ足す。

＊36●ルディ・トムジャノビッチ（*Rudy Tomjanovich*）　ＮＢＡヒューストン・ロケッツでスカウト2年、アシスタントコーチ9年。１９９１－92年度残り30試合でヘッドコーチ就任。94、95年にＮＢＡファイナル2連覇。98年のＦＩＢＡ世界選手権のアメリカ代表チームヘッドコーチ。

三段練習（スタート⇩ストップ⇩継続）

三段練習では、コーチとチームは「新しくやらせたいこと」「やめたほうがよいと気になっていること」「続けさせたいこと」について、実りある話し合いができる。チームを３つのグループに分けて、次のことを話し合わせる。

〈目標を達成するためには〉

①何をやるべきか？　②何をやめるべきか？　③何を続けるべきか？

各グループが話し合ったあと、全員を集めて各グループの話し合いの内容を発表させ、チーム全体で共有する。次に全員で話し合わせる。その結果をもとにして、コーチが練習とゲームで使える目標とコミットメントを考え出す。

3 コミュニケーションスキルとしての傾聴

選手やチームの言葉に耳を傾ける

コーチがゲーム前に記者会見の席上で述べることやゲーム後のインタビューにおけるコメントには、多くの人が聞き入る。他方、コーチが備えているべきもっとも重要なコミュニケーションスキルは「聞き上手」であるということである。コーチングにはとても効果的で大切なスキルなのである。それは、選手とスタッフとの強いきずなを育めるかどうかの分かれ目になるからである。コーチは選手やチームの言葉に耳を傾けることによって、気を配っている姿勢を示すことになる。

力量のあるコーチは選手に合わせて、選手1人ひとりのものごとに対する見方を理解するために時間を割く。じっくり聞くだけでなく、声の抑揚や身振り手振りにも注意を払って、選手が言外にこめていることも感じとる。しばしば、選手の身振り手振りと声の抑揚は、実際に話したこと以上に「本当のところはどうなんだ」という判断の貴重な手がかりとなる。選手の〝言葉なき訴え〟を敏感に察知し、ひいては、選手がどう考え、何を感じているのか、選手自身に語らせるようにしていく。

パット・サミット（P9参照）の次のようなコメントに注目したい。

コミュニケーションとは、弁舌をふるうことではない。それは、他者の自己表現を容認することだ。選手の話を聞けば聞くほど、選手のことをますます知ることができるとともに理解もできる。選手に対して聞く耳を持つということは、自分をさらに能力のあるコーチにしてくれる。

また、フィル・ジャクソン（P27参照）はコミュニケーションについて、次のように述懐している。

長年にわたって、選手と密接に話し合って学んだ。そのとき選手が話した内容にとどまらず、話しているときの身振り手振りや一瞬の沈黙からも学んできた。

アクティブリスニング

アクティブリスニングとは、効果的な「耳の傾け方」のことである。これはコーチと選手の両方に欠かせない重要なスキルで、お互いに相手のことがよくわかるように話せることが目的である。それには、自分が言っていることを別の言葉に言いかえて伝えることも含まれる。選手の話を聞いているときによくあるケースは、うなずいたり手を動かしたり表情を変えたりして、聞いている態度を見せるものの、いざとなったら、理路整然と答えるのに手間取り、時間がなくなってしまう場合である。ほとんどの人は、迅速に答え、結論を出せるように考えながら相手の話を聞く。ということは、何よりもまず、他の人が言うことを理解する気持ちを持って聞かなければならないということである。

　選手やスタッフと話すとき、自分の意見を言う前に、あるいは問題の解決に入る前に、選手やスタッフから聞いたことをくりかえし口に出して言ってみることが重要である。簡単なことのように思えるが、残念ながら、これを実行に移しているコーチは少ない。選手が言ったことを確認する代わりに、先に自分の意見を言ってしまうのである。聞いた話を言い直すことは、相手に自分の耳の傾け方を感じとってもらえることにもなるので、選手には「コーチはほんとうに自分の話を聞いてくれていたのだ」と実感させることになる。

　すでに紹介した『*The Seven Habits of Highly Effective People*』の著者であるステファン・コビー（P46参照）は次のように述べている。

最初にわかろうと努め、次に理解してもらえるように努める。

(1)アクティブリスニングのあとの応答……焦って問題を解決しようとするのではなく、自分の体面を保とうとするのでもなく、選手が言うことに耳を傾ける習慣が持てるように、次のフレーズのいくつかを使ってもらいたい。

●きみが言っていることは……ということか、

●きみが言っていることは……のように聞こえるのだが、

●もし、こちらの理解が間違っていなければ……、

●……に苛立っているようだが……、

(2)アクティブリスニングの練習……チームを3グループに分け、話し手、聞き手、オブザーバー各1名をグループごとに決める。話し手に3〜4分で「週末の予定」などを語らせる。聞き手は、話し手との会話の中で、前述した「きみが言っていることは……ということか」、「きみが言っていることは……のように聞こえるのだが」などのように、いろいろ言いかえながら話を聞く。オブザーバーはその内容をチェックして、会話が終わったら聞き手にフィードバックする。3名がそれぞれの役割をローテーションして一周したら終わる。

(3)伝言ゲーム……幼いときに遊んだ伝言ゲームである。話が何人もの耳から耳に伝わっていくうちに、初めの内容がどのように変わってしまうのか、その場の全員がわかるところに面白さがあり、楽しさがある。選手たちを5人か6人のグループに分け、短い話を書いた紙をグループの1番目の選手に見せて、45秒間にできるだけ多くのことを覚えさせる。

それから、その紙を見ないで、グループの2番目の選手に伝える。もちろん、各グループはお互いの声が聞こえないくらい離れていなくてはならない。最後の選手へ伝わるまで次々と伝言していく。各グループの最後の選手が聞き終わってから、自分のところに届いた話の内容を発表する。正しく伝わっている内容が出てくるたびに1ポイントずつ与え、1位のチームには5ポイントのボーナス点を加える。

最初に伝言した内容から複数の口と耳を経ていくうちに、少しずつ変わっていくのが普通である。確かな伝言と聞きとりの重要性を選手に理解させる。合わせて、選手がチームの根も葉もない話をすると、事実がひどく歪められる恐れが生まれ、チームに悪い影響も生じかねないことも納得させる。

第8章

前向きな対立

対立をうまくコントロールするには(C5)

1 問題への対処

チャンピオンチームには、お互いが節度を守り、自制心を持って対立を乗り越えていくだけでなく、その対立を利用してさらに競技力を高め、結束していく特徴がある。目的、不安、信念などが異なる人びとが常に一緒にいる状態が続けば、対立が起きるのは避けられない。チームスポーツはその典型的な例である。相手チームと戦い、多くの時間を共有し、好調であろうと不調であろうと、シーズンを乗り切っていかなければならないからである。チャンピオンチームには決して対立がないのではない。チームの妨げとならないように対立をうまく克服しているのである。どのような対立が起ころうとも、選手たちは「自分たちが決めた共通目標の達成を常に最優先する」と自覚している。対立を解決するには、それ自体をただ払拭すれば済むという話ではない。肝心なのは、チームのプラスになるように収拾できるかどうかなのである。

誰が残したのか明らかではないが、次のような言葉がある。

「幸せ」というのはもめごとがないことではなく、そこから何か実になることが生まれるように解決する能力があることである。

また、第1章で紹介したチャック・デイリー（P10参照）は次のように述べている。

自分の仕事は、もめごとを避けるか、解決することである。なぜならば、われわれの使命はゲームで勝つことなのだから。

チャンピオンチームには、対立を問題視しない段階からそれを徹底的に解決する段階まで、さまざまな対応の方法が備わっている。この章では、コーチと選手は対立が起きそうな状況にどのように対処するのか、その選択肢を理解してもらいたい。その選択によっては、選手のみならずチームの成果にも影響がおよぶからである。そもそも、チームの対立の収束に役立つ特効薬的な方法はない。ただ、それは対立状態が短い間で消えるのか、それとも長引きそうなのかの違いであり、それぞれの状況によって対処の仕方は変わってくる。

5つの対処

チーム内の対立に備えて、チームがいろいろな対処の仕方を理解しておくとしたら、デビッド・ジョンソンが自著『*Reaching Out*（心を通わせること）』で示している5つの対処法が参考になる。対応の仕方を動物の行動特質になぞらえて、次のように説明している。

❶カメ（回避）

カメという動物はどこまでも争いを避けようとする。住み処の中にじっと閉じこもって高みの見物を決めこむ。そうこうするうちに争いがおさまり、身におよぶ恐れがなくなる。カメは争う目的や関わることをくだらないことだと取り合わない。このような対処はささいな、取るに足らない対立を避けるときは適切である。しかし、対立が解消しない場合がほとんどである。

❷コグマ（融和）

コグマは対立に直面したとき、それまでの友好関係をなくすつもりはない。お互いに友好関係を維持しようと、しばしば譲歩する。お互いの要求を取り下げ、対立を小さくしてピリオドを打とうとする。こういう考え方は前向きなコグマに多い。お互いが対立状態にあるとき、チームには一致団結を維持しようと努力するコグマもいて、対立を和らげてとりなそうとする。原因がささいなものであっても、友好関係を維持するためには効果的である。

❸サメ（強硬）

サメは、対立の中でしばしば他人に頼ってでも、自分たちのやり方を押し通す。最優先するのは「言い分を押し通す」ことだから、誰かをひどい扱いにして気持ちを傷つけようとも、気にしない。コーチがサメの攻撃性と粘りを容認している限り、サメは仲間の感情を害し、驚かせ、殺気立った雰囲気を醸し出すことも平気である。本来の戦いとは、相手チームとのゲームのはずであるが、チーム内での遺恨の晴らし合いとなってしまう場合もある。少なくともサメのやり方がチームを支配している間は、サメのやり方とは合わない者がいると、対立が再燃してしまう。

④キツネ（譲歩）

キツネは友好関係を維持さえできればと、自分から言い分を引っこめる。合意に向けた話し合いには柔軟に臨むし、頭にあるのは両者の公平な決着だけである。このような自ら譲歩する考え方はチームが必要とする好ましいものである。もし、「今日はきみたちの行きつけのレストランで食事しよう」と言えば、「それでは明日はコーチの行きつけのレストランでどうですか」と言ってくるのである。

⑤フクロウ（協力）

賢くて年長のフクロウは、一生懸命、他の選手たちが望むものや必要なものが得られるように尽くしてくれる。対立する両者が心から満足する解決を見出すために時間をかける。チーム内では珍しい存在ではあるが、間違いなく貴重な存在でもある。

くりかえすが、これが最善という方法はない。そのときの状況次第で変わる。「カメ」が最適かもしれないという状況のいっぽうで、それより先に、「サメ」のほうが適している場合もある。だから、もっとも好ましいのはお決まりのワンパターンではなく、臨機応変に対応することである。コーチはアシスタントコーチとともに「フクロウ」だろうし、チームの一部の選手が「サメ」、残りが「キツネ」で、家族は「コグマ」だろう。

もっとも成果を出すチームのコーチは、目標からぶれないし、選手との人間関係にはこまやかに気を配っている。チャンピオンチームもそうだが、ビジネスでの成功は譲歩と協力に左右される。個々の問題に神経質に噛みつくばかりで、不安や懸念から逃れることしか考えないようであってはならない。コーチはもっとチーム全体のことを念頭に置いて、個人的な要求や言い分に固執することなく、度量が大きくなければならないのである。

もっと寛大になることを学ぶ

成果を出すチームに共通しているのは、寛大さが基礎になっているということである。寛大さの意味するところは、チームを構成している選手のさまざまな個性をリスペクトし、お互いを認め合うということである。選手には、社交的な者、遠慮なくずけずけ言う者、おどけた者、おしゃべりな者、その他に、大人しい、内気、独りでいるのが好きというような者など、多様な個性がある。だから、他人との違いを出そうとユニークな好みや癖をアピールする者がいることを理解し、仲間との相違を許容し、仲間がどのようなタイプなのかを理解することを学ばなければならない。チームの寛大さというのは、音楽やファッションの好み、睡眠習慣など、目標を成し遂げようとするチームと関係がなさそうなことも含めて、実にさまざまなことから醸成されていく。

しかし、チームの心証を害し、チームの目標達成を阻害する選手がいたとしたら、その選手をチームで寛大に扱うのは難しいだろう。仲間のあらぬうわさを流し、練習をさぼり、コーチングスタッフに口答えするなど、眉をひそめることばかりだとすると、まったく相手にされなくなるのは仕方のないことだろう。その選手がいつチームに許容されるようになるのか、あるいはいつ対立に発展してしまうのかを判断するのは難しい。だが、それを見抜くには「その選手の意思や行動がチームの目標達成の遂行に支障をきたしていないか？」という疑問符を投げかけてみることである。支障をきたしていると判断されたら、その仲間とのわだかまりは避けられなくなるのは必至であろう。

2 対立を解決するステップ

対立の収束をはかるポイント

精神医学や心理学を専門としているオハイオ州立大学のジェラルド・グリーンバーグが「チーム内の対立をコーチと選手の立場から適切におさまりをつける易しい解決法」を述べている(Greenberg, 1990)。すなわち、コーチと選手がお互いの好ましい人間関係をリスペクトしながら、チームの対立が収まったあと、その経験をさらなるチーム力向上に生かすべきであることを主張している。先の例にたとえれば、カメが対立を伝え、コグマが自分たちの存在をさらに力強く主張する。さらに、コグマは、血に飢えたサメに対して慎重さと〝落とし所〟を伝える、というように表現できる。この解決法は、コーチがチーム内の対立を収拾に向かって先導していくのに欠かせないツールになる。具体的には次に示すようなことがポイントである。

(1)状況の説明……客観的に正確に説明するために、「〜とき」という言葉を使う。例えば、「きみはコンディショニングトレーニングのときのように、頑張って走っていないし、プレーもしていない……」のように。

(2)自分のフィーリングを示す……いま起きている状況に対して、自分がどのようなことを感じているのか示す。例えば率直に、「イライラしているし、頭にきているし、だまされた気分だ……」のように。

(3)自分がどうしたいのか、はっきり言う……どのようにしたいのか、明確に言う。「自分は〜したいのだ」「きみには〜してもらいたいのだ」という表現を使う。そして、例えば「きみがそうすることを選択し、自分でやれる方法でやっていくと言うなら、私も自分の方法でやっていく」のように。

(4)結果……「もし、〜するなら〜」という言葉で切り出し、予測される結果を言う。例えば、「もし、きみがそうするなら、チームがめざしているリーグ優勝につながるスーパーショットがゲームの終了間際に決まるまで、みんなは粘り通せるかもしれない」のように。

以上、(1)〜(4)のことを反映させて、実際にコーチが選手に語りかけるときは、このような言い方になるのではないだろうか。

「ジョン、いよいよファイナル戦が近づいてきたな。練習が終わると、気になる期末試験に備えて遅くまで図書館に残って勉強していることは知っている。そのせいかもしれないが、練習では集中してプレーできていないところがあるぞ。気持ちがファイナル戦から遠のいていないか、ちょっとだけ心配だ。ただ、ジョンがそういう自分流でやっていくと言うなら、任せる。とにかく、絶対に落とせないゲームだということはわかってほしい。チームは優勝しようと燃えている。

ゲームがもつれても、最後にはジョンが相手を突き放すスーパーショットを決めてくれると信じているよ。」

この言葉がコーチの立場だけではなく、チーム全体の立場から語られていることに注意してほしい。そして、コーチが目の前の選手をリスペクトしているのが伝わるように気を配り、言いたいことをきちんと理解させるように話している。もちろん、いつもコーチは選手に対してこのように話せるとは限らないだろう。しかし、コーチがその場の空気を読んでおり、率直で、選手の気持ちによく配慮している感じが伝わってくる。

聞き上手の選手を起用

チームの対立を前向きに片づけるもうひとつの対処法は、聞き上手の選手を起用することである。例えば、何回も対立やトラブルを起こす問題選手がいたとする。その選手が仲間と対立したとき、かつては最悪の状態になったものである。そこで、聞き上手の選手を選んで、その問題選手と話し合わせた。やがて、対立の根になった「陰口されたこと」を語り、どのような陰口をたたかれたのか明かし始めた。それから、聞き上手の選手の言うことに耳を貸すようになり、素直さが戻り、ひとまずその対立は決着がついたのである。これ以降、チームの対立が起きるたびにその聞き上手の選手が出番となり、前向きに解決できるようになった。チームの対立に対処するために、このような聞き上手の選手はとても頼りになる。

チームの対立からプラスを残す心得

(1) **合意から始めよ……**誰かと対立したら、話し合う同意を引き出し、話題を決めて、そこから糸口が見つかるように親しみを込めた口調で対話する。そして、歩み寄れない点をはっきりさせ、意見交換を始める。

(2) **和やかな心で向かい合う……**コーチが選手と対立するきっかけは、その選手の問題となる言動がチームの足を引っ張っているというところにある。対立を和らげ、減らすように努める。

(3) **攻撃するのはもめごとであり、人ではない……**チームで選手同士の対立が起きたときに大切なのは、「どう決着をつけるか」ということであって、選手をきびしく叱責するとか、コーチに服従させることではないことを心に留めておく。

パット・ライリー〈P5参照〉が次のように述べている。

> どのような口論でも、それは根にある問題を解決する機会であって、お互いに傷つけ合い、苦しみ合うことではない。

(4) まずプライベートな場で……選手に納得してもらえないときは、公の席ではなく、プライベートな席で対処するとうまくいく。話を聞く相手へのプレッシャーがないし、話がこじれることも少ない。

(5) 冷静沈着に……ときどき、トラブルが報告されるまで静観しているほうが良い場合がある。険悪な雰囲気がピークに達し、気持ちもひどく高ぶる状況では急がないほうがよい。クールダウンに時間をかけ、冷静になるまで時間をおく。

(6) 相手の目線で……対立の渦中にある選手からトラブルの原因を聞きとるときは、まず初めに相手と同じ目線で対応する。相手の言い分を丸飲みするわけではないが、まず相手を理解する努力から始めるようにする。

フィル・ジャクソン（P27参照）はチーム内の対立の当事者選手との対話について、次のように語っている。

コーチの仕事を通じて、「思いやりを持って問題に向き合い、選手が共感できるように努力し、選手の目線で状況を見ることによって、チームが効果的に変わっていく」ということを発見した。

(7)対立の当事者以外の者と話し合ってはならない……このことは、よくチームワークを乱す大きな問題になる。当事者に直接言わないで、陰口をたたくのは簡単である。ところが、安易な手段をとってしまうと、他の選手たちに動揺が伝わり、敵意が煽られ、当事者をさらに疎外してしまう可能性がある。それよりはむしろ、当事者とコーチが前向きに直接対話したほうがよい。

(8)要点をはずさない……目の前にいる当事者と問題をはっきりさせて話し合いをする。昔のことを持ち出したりすると、問題を一層複雑にするし、ときには対立が増幅しかねない。

対立を解決するステップ

(1)問題の明確化……問題の根本をちゃんと把握しているかを確かめる。チームのもめごとは得てして初めはさほど深刻には見えない。だが、多くの場合、リスペクトや信頼、感謝の気持ちが失われるなどの問題の兆候が必ず表面化するはずである。

(2)可能性のある解決策を模索するブレーンストーミング……チームで可能性のありそうな解決策を話し合わせる。問題をいろいろな角度から見るように示唆する。そして、いくつかの解決策がまとまるまでに、コーチは落とし所を準備しておく。

(3)可能性のある解決策の吟味……可能性のありそうな解決策をいくつか検討しておく。そして、その一つひとつの予想される結果も想定しておく。

(4)解決策の決定……チームに同意を求め、トラブルを解決に持っていく最善の方法を決定する。

(5)解決策の実行……解決策を実行する。

(6)結果の確認と事後対応……チームが同意した解決策で問題をうまくクリアできるかどうか評価する。その解決策で問題がクリアできたら、コーチは乗り切ったことになる。もし、クリアできなかったら、この6ステップの該当しそうなステップに戻ってやり直す。

〈文献〉

・Greenberg, J. S. (1990). *Coping with Stress: A practical guide*. Dubuque, IA: Wm. C. Brown Publishers.

・Johnson, D. W. (1993). *Reaching out: Interpersonal effectiveness and selfactualization*. Needham Heights, MA: Allyn and Bacon.

第9章 選手の結束

どのように固いきずなをつくるのか（C6）

1 選手の結束

NCAA選手権で優勝するような強豪について、興味深いうわさを聞くことがある。例えば、「チームは24時間、ずっと、かんづめ状態にされている」とか、「選手全員が輪になって手をつなぎ、キャンプファイアソングの〝クムベイ〟(「こっちにおいでよ」の意)を口ずさみながら、スキップをそろえる練習もやっている」などである。もちろん、一笑に付すうわさだ。しかし、この二つのうわさは「チームワークをつくる難しさと大切さ」を示唆しているようにもとれる。

ところで、当時、シカゴ・トリビューン紙の記者だったサム・スミスがNBAシカゴ・ブルズのことを書いた『*The Jordan Rules*』(『マイケル・ジョーダン　激闘のシーズン』、徳間書店、1992年)という本が出版された。書名は、打倒シカゴ・ブルズに燃えるデトロイト・ピストンズが、スーパースターのマイケル・ジョーダンを抑えこむために考え出した戦術(ジョーダン・ルール)のことだ。ファイナルの連覇が始まった1990‐91年度シーズンのチャンピオンチームの嫉妬、憤り、仲間とめったに群れない選手たちの素顔など、知られざる視点からブルズというチームを赤裸々に描写している。と同時に、NBAを制覇するチームにふさわしい共通目標、コミットメント、選手それぞれの持ち味を発揮した勝利への献身、お互いをカバーし合う役割の遂行といった優れたチーム力についても巧みに描写されている。なかでも、ジョーダンたちがコートを離れた場では他人行儀な態度で振る舞うのに、ゲームでは完璧なチームワークに徹する切り替えの凄さは、関係者に大きな示唆を与えた。

つまり、ＮＣＡＡ選手権で優勝するようなチームにもブルズのような「ここぞ」というときのチームワークが不可欠であるからこそ、最初に述べたようなうわさも立つのであろう。チームの選手たちはものごとに対する考え方、生い立ち、嗜好は異なるし、必ずしもお互いが常に近い関係にあるわけではない。だからこそ、よきチームワークを築くためには、お互いの相違をリスペクトし、容認しなければならないのである。

一心同体のチームにする

どのチームでも、選手にはさまざまな相違があるのが当たり前だから、まず気が合う者同士が親しくなるのはごく自然なことである。そして、学年、趣味、好きな食べ物、出身地などで話題が合う選手が集まって、いくつかのグループが生まれ、それぞれが思い思いの時間を過ごす。これがチームでは普通である。

ところが、この段階で〝はぐれグループ〟ができてしまうと、問題が起こる。ある選手がそれまでのグループから疎外されたと感じると、自分を受け入れてくれるグループに移っていき、同じような選手が集まる〝はぐれグループ〟ができてしまう。各グループにはそれぞれの仲間意識があるので、〝はぐれグループ〟はチーム内でのコミュニケーションの風通しを悪くさせ、ときには露骨にチームの方針に逆らうようになって、チーム割れを引き起こしてしまう。

パット・ライリー（P5参照）は自著『The Winner Within』（『ザ・ウィナーズ』、講談社、1997年）の中で、〝はぐれグループ〟がいるチームのコーチになったときに、最初におこなったことを述べている。チームミーティングを開き、室内の一角に〝はぐれグループ〟を座らせ、残りの者たちもそれぞれのグループごとに座らせた。それから、「このようにチームがバラバラの状態では勝てるわけがない。部屋の真ん中ですべてのグループが一つになり、〝チーム〟となって共通の目標をやり遂げようと一致団結しない限り、優勝は不可能だ」と諭したという。

ライリーは、スピーチが巧みで、試合前にいろいろなエピソードを選手に聞かせることが多かった。また、自らビデオ編集して選手に見せることも多く、選手に好ゲームのあとにはナイスプレーだけのハイライトを、悪いゲームのあとには悪いプレーばかりのシーンを見せた。夏のオフの時期には、選手たちに翌シーズンへの期待を込めて手紙も送った。つまり、さまざまな方法で選手を鼓舞し、モチベーションを高めようと努力していた。チームの掌握術にとても長けていたといえる。〝はぐれグループ〟と率直に向き合うことによって反目やわだかまりを解消し、ライリーに共感したすべての選手を〝チーム〟という一点に結束させたのである。

選手の結束はさらなるチームプレーの成功につながる

選手の結束を強めることとは、確かにチームづくりにおける目的のひとつであり、チーム力になる。結束を固めるのは、チームのみんながお互いに好感を持てるようになるからというのが大きな理由である。しかし、選手権で優勝をねらうチームにとっては、これだけではもの足りない。というのは、選手が結束するのは、お互いのどのプレーにも「勝利のため」というもうひとつの理由があるからだ。したがって、選手の結束がチームのさらなる勝利に結びつくのである。

チームの結束が固まると、ほとんどの選手が自分の長所を発揮するようにプレーし始める。辛抱強く猛練習を続けるようになる。そうすることによって、何か自分たちが得することがあるとわかっているのである。自分たちだけではなく、コーチのためにもと考えている選手もいるかもしれない。その場合、しばしばコーチへのリスペクトや感謝の思いがきっかけになっており、コーチを落胆させたくない気持ちもあるのだろう。そして最終的には、選手はチームの仲間に対する真摯なリスペクトの気持ちでプレーするようになるのである。

NBAでヘッドコーチとして32シーズンを過ごした**レニー・ウィルケンズ**＊37の言葉である。

バスケットボールほどコーチと選手がリスペクトの気持ちを共有するスポーツはない。

＊37●レニー・ウィルケンズ（*Lenny Wilkens*）　選手としては小柄だったが、卓越したゲームメイクのできるポイントガードとして活躍。1969年に就任したシアトル・スーパーソニックスのヘッドコーチを皮切りに2005年にニューヨーク・ニックスでコーチ人生を終えた。96年のオリンピック・アトランタ大会では、ヘッドコーチを務めた。

また、パット・サミット（P9参照）も次のように述べている。

リスペクトはチームの結束を築くためには不可欠だ。でも、お互いを好きか嫌いかは問題ではない。しかし、意見や決断に対しては絶対にリスペクトするべきである。なぜならば、個人の成功はチームの計画とそれがうまくいくように各々が役割を果たすコミットメントに支えられているからである。

選手の結束がもたらすメリット

❶勝利

選手の結束と勝利は切っても切れない関係にある。選手が結束すると、お互いにリスペクトする。だから、コミュニケーションは密になり、対立はほとんど起きなくなり、チーム全体のモチベーションおよびチームへの貢献意識が高まる。

NCAAアリゾナ大学男子バスケットボールチームのアシスタントコーチ、**デイモン・スタウダマイヤー**＊38が次のように語っている。

シーズンを省みると、何か他のチームにはないものがあった。みんなが結束しており、言い争いがなかったということである。これがチームのすべての活動で徹底されていたのはすごいことだ。

＊38●デイモン・スタウダマイヤー（*Damon Stoudamire*）　身長178㎝、ポイントガードとしてアリゾナ大学で活躍。1995年にトロント・ラプターズ入り。2008年までにポートランド・トレイルブレイザーズ、メンフィス・グリズリーズ、サンアントニオ・スパーズでプレー。

❷満足

チームが結束しているなら、コーチと選手にとっては一層はりあいのあるシーズンとなるだろう。チームは練習で積み上げてきた成果を発揮し、選手権優勝の期待も高まる。確かに、優勝するのはたった一つのチームであり、そのチーム以外は敗北の悔しさを味わうことになる。しかし、たとえ敗れても、その体験と記憶が一層のチームの結束を呼び覚まし、チームが大きく生まれ変わっていくチャンスとなるのも事実である。

選手権に優勝すると与えられるトロフィーと記念リングは、シーズン中の猛練習に耐えたことに対する最高の努力の証である。しかし、それよりも一番心に強く残る、かけがえのない価値が存在する。それは選手とコーチたちが挑戦、勝利、敗北を分かち合いながら培われてきた貴重なきずなである。選手がシーズンを振り返っても、ゲームのすべての勝敗やスコアはおそらく覚えていない。結局、もっとも甦ってくるのは、仲間やコーチ、サポートスタッフ、それに周囲の支援してくれた人たちとの間に生まれた心の通い合いである。人間はこのようにして、人と人との結びつきを育んでいく。選手は学年、好きなもの、出身地などを接点にして、気の合う者同士の人間関係をつくり上げていくのである。

小中学校期のユーススポーツのコーチングにおいて、子どもたちに満足感を持たせるためには、まず仲間同士のきずなをつくることが非常に重要である。例えばチームが優勝したときに、大人たちがいくら「優勝だ！」と騒いでも、子どもたちにはスポーツが持つ本来の価値である面白さと楽しさを伝えたことにはならない。残念なことに、子どもたちを指導しているあまりにも多くのコーチが独善に陥り、分別を失い、勝利至上主義者と化してしまっている。コーチがこうだと、多くの子どもたちが早々にチームから去っていく。子どもたちがチームに入ってから味わう満足感とは、自信を培いながらチームにもっと長くいたいという気持ちを膨らませていくことにほかならない。それは一緒にプレーする仲間たちとの一体感から生まれる。このようにして子どもたちは、やがて人生で直面する〝闘い〟をうまく切り抜けていくスキルを身につけていくのである。

2 結束のつくり方

より良い選手の結束をもたらす方法

アルバート・キャロンらの研究（Carron, 1997）によれば、チームには結束力の向上に影響するいろいろな要素があるという。コーチとして、どのようなチーム構成を選び、どのようにコーチするかを考えるとき、次のようなキャロンらの研究の内容は貴重な参考となる。

❶メンバーの構成

チームの構成は、選手の結束に影響する。いつも同じ顔ぶれの選手だけがスターターのときは、ほぼゲームに出っぱなしの状態になる。残りの選手はよくて「シックスマン」か、あるいは出番のないベンチウォーマーで終わることを余儀なくされる。だが、選手の結束を常に念頭に置いているコーチは、ケミストリーの混乱をきたす選手やけがで出場できなくなった選手を欠いたとしても、それを乗り切れるだけのメンバーは確保しておきたいという思いがある。しかし、シーズンの初め、まだカンファレンスの公式戦が始まる前の練習ゲームにかなり出番があった選手が、公式戦の時期になって出番が減ってくると不満が溜まる。そして、露骨に無関心を装い、やる気を見せなくなり、反発するようになる。

だから、コーチはベンチの控え選手の人数を制限したくなる。出番が少ない選手はチームの共通目標にコミットしなくなり、チームトラブルの発生源になりかねないことを肝に銘じておいてもらいたい。控え選手の数を厳密にしぼることに加えて、「こういう役割を担ってもらう」と、必ず事前に噛んで含めておかなければならない。また、指示した役割をやり遂げたときは、チームの勝利への貢献として評価し、感謝することも忘れてはならない。

本書で何度も登場しているマイク・キャンドレア（P8参照）は、控え選手の人数をしぼるときは、意識的に頭の中で考えている人数よりも少なめに削っていた。さらに、ゲーム前には「限られた重要な出番における限られた役割をやり遂げる選手はチームにとっては重要な存在である」ことをはっきりと伝えていたという。

リック・ピティーノ（P48参照）の言葉を紹介しよう。

勝敗を競うスポーツでは、優秀な選手をそろえすぎると、少なすぎる場合とまったく同じ問題が起きる。そのような状況は、ときどき、チームの〝芯〟まで蝕むガンのように、妬みと対立を生む。

❷トレードマーク

選手の結束を高める方法には、チームの一員であることが一種の特権であるという意識を持たせるやり方もある。練習用具はもちろん、ユニフォームについても、チームのメンバーというステイタスと〝オンリーワン〟を感じさせなければならない。

チームTシャツ、ピンまたはポスターを作ることによって、自分のチームと他のチームとの違いを際立たせることができる。ごく普通のTシャツにチームの名前、ロゴ、マスコットまたはチームの目標や方針を示す標語（モットー）をプリントすると、そのTシャツがあたかもモチベーションパワーを持つかのように状況がガラリと変貌することには驚かされる。ファンがチームTシャツをいかに欲しがるか、聞いてみればわかる。また、もし入手して着ることができたら、そのファンがいかにチームとの一体感を持つようになるかがわかる。

さらに、チームのアイデンティティを一層感じさせるキャッチフレーズを作成するという方法もある。数年前、アリゾナ大学フットボールチームのコーチングスタッフがシーズンに入るとき、選手たちに古代の戦争の話を聞かせた。兵士たちが敵の島の陣地を奪おうと船で出撃し、なぜか港の近くに停泊した。それから、小さなボートに乗り移って上陸して島を攻撃した。驚いたことに、そのとき船長は自らボートに火をつけ、燃やし始めた。船長は兵士に、「退却しても、もう逃げ戻る安全な場所はない」と覚悟させるためにこうしたのである。兵士を「戦いに勝つか、さもなければ死ぬしかない」という二者択一の判断をしなければならない状況に追いこんだのである。「退却」という選択肢がない兵士は文字通り命がけで戦い、島を攻め落とした。この話を聞かせて、チームのモチベーションを高めたかったコーチングスタッフたちは、シーズンが始まったとき、選手たちに「ボートを燃やせ！」という言葉が背中にプリントされたチームTシャツを配った。

これに似た例がある。アリゾナ大学女子ソフトボールチームがカンファレンス・ファイナルを勝ち抜き、大学女子ワールドシリーズに出場したときのことである。チームだけしか意味がわからない合い言葉をスワヒリ語で作ることにした。そして、3つのスワヒリ語（ushindi＝勝利、kujiamini＝信頼、timu oyee＝チーム万歳）を選び、チームTシャツの背中にプリントして着ていた。カンファレンス・ファイナルからワールドシリーズまでチームの動機づけと集中に大きく貢献したことは言うまでもない。

❸チームの安定性

選手の結束を育てるには、選手とスタッフの入れ替わりを最小限に抑えるということにも気を配る必要がある。人間は誰かと知り合ってからその人を信頼できると判断するまでには、しばらくの時間を要する。コーチは選手とともに過ごす時間が長くなるにつれて、選手に何を期待できるかがわかり始めてくる。そして、信頼感と親近感が深まっていく。しかし、例えば、前のチームで長続きせずに移籍して入ってきた選手だと、チームの仲間の名前を覚えることから始めるわけだから、結束力の高まりに貢献できるまでには時間がかかる。

多くのチームにとって、チームの安定性を確保することは容易ではない。毎シーズン年齢制限、卒業、転学、チーム移籍、退部、スタッフなどの諸要素が変化しながら微妙に作用し合っているからである。チームの安定性を増すためには、このような変わりゆく諸要素の範囲内で最善を尽くすしかない。そして、選手がすぐにチームから去りたいと思う気持ちを持たないように気を配ることが重要である。また、アシスタントコーチなどのサポートスタッフに対しては、常に感謝の意を表し、チームに貢献する使命感を傷つけないように、立場を尊重することが大切である。

加えて、シーズンの真っ最中に、新しい選手やスタッフをチームに入れるときは要注意である。負傷や転学あるいはその他の事情で、シーズンの半ばに補強戦力として加わることはあるかもしれない。しかし、チームはもう数か月前にスタートしており、チームはそれまでに多くのことを経験し共有している。だから、いきなり「さあ、今日から新しい仲間だ！」とコーチが紹介した選手が、すぐにチームにとけこむとは思えない。さらに、出場時間などで他の選手を脅かす状態が起きてしまうと、それまで築いてきたチームの結束に亀裂が入ることになりかねない。当然、新しく入ってきた選手は、ゲームの出番など、チーム内で他の選手と競合することになる。そうすると、ゲームに出る順序なども変わるかもしれず、チームが動揺する原因になってしまう。

大切なのは、コーチがスタッフと「シーズン半ばの新しい選手の加入」がどのような影響をもたらすのか、あらかじめよく検討しておくということである。また、選手たちとは、新しい選手の加入によってチーム全員が一丸となれるのかなどについて、ミーティングを重ねておく必要がある。いずれにしても、その状況になったら、各人がベストを尽くすにはどうすればよいのか、スタッフおよび選手たちと話し合うことが重要である。

④逆境を耐え抜く粘りの共有

コーチの仕事として非常に辛いことのひとつは、一緒にチームの面倒を見てきた関係者に「さようなら」という別れの言葉を伝えるときである。それは、長い間、勝利の喜びに浸ること、選手の負傷・不調、チームの僅差の敗北、対立などの苦楽を共にし、固いきずなとともに歩んできたからだ。一緒に喜怒哀楽を分け合うことは、確実にきずなをつくる。

退役軍人に、誰にもっとも親近感を抱くか尋ねると、たいてい「同じ部隊の戦友だ」と答えるという。お互いに命を預けなければならない厳しい状況のもと、過酷な日々を共に過ごしてきた体験の共有が強いきずなをつくる。逆境は確かにスポーツの世界に数多く存在する。大事なのは、チームがどのような逆境に遭遇するかではなく、選手がその逆境をどう乗り越えていったかということである。逆境に立たされた選手が、逆境にどのように立ち向かうかによって、コーチの選手に対する評価は変わってくる。残念なことだが、逆境を乗り越えようとした努力が報われないとき、あまりに多くの選手が自分の仲間を非難する。だから、逆境という状況は、多くのチームに分裂や崩壊をもたらしてきたのである。

チームが逆境に遭遇したとき、どのように対応するかは非常に重要である。そのようなときに備えて、選手には冷静さを保ちながら必要な修正をおこなうことができ、また集中できるような習慣を身につけさせておく必要がある。

コーチは、キャプテンを通して、逆境における適切なコミュニケーションのあり方を明確に示し、チームを再び集中させ、軌道に戻すことができなければならない。またキャプテンは、ゲーム中にチームが逆境に陥っても、プレーの中断やタイムアウトの時間を利用して、選手の結束の維持を確かめることができなければならない。

チャンピオンチームは、逆境に陥ると、対戦相手の失礼なコメント、ファンやスポーツ記者たちの批判などを発奮材料にして、選手の結束を強める。また、嫌がらせではないかと疑う低いランクづけやランク外しにもめげないで、一層結束する。徹底的にビジターチームをこき下ろすホームチームの熱狂的なファンや、手ごわい相手チームと戦うアウエー戦ほど、チームの結束力を高めることができる。逆境はチームの団結を固め、選手は使命を遂げようと決意し、気持ちも盛り上がる。このようなことから言えるのは、「誰もが何かの役に立つために責任をとるならば、チーム全体が利益を得る」ということである。

１９８３年から25年にわたってＮＣＡＡアリゾナ大学男子バスケットボールチームを率い、コーチとしての手腕を振るった**リュート・オルソン**＊39が次のようにコメントしている。

チームの一人ひとりを言いつくせないほど誇りにしている。シーズンの間ずっと役割の遂行に尽くしてくれた。猛練習に耐え、全力で戦ってくれた。ときたま逆境にも陥ったが、そうしたときのチームのきずなの深まりは、頼もしい限りだった。

＊39●リュート・オルソン（Lute Olson）　１９７４－83年アイオワ大学、83－２００８年アリゾナ大学チームをコーチ。〝ポイントガード大学〟と異名をとるほど優秀なポイントガードを輩出、育成型コーチと評判が高く、ＮＢＡにも多くの教え子を送り出している。

3 結束の高め方

チームの結束を高める7つの方法

これからチームの楽しさやファミリー感覚をつくる方法の具体例について述べる。それぞれを、いつ、どのように自分のチームにあてはめて使うのか、検討してもらいたい。

❶オフコート活動

お互いを「新チーム編成期」から、「勝ち始め期」に高めていくのに役立つ。多くのチームがおこなっているのは食事会、ハイキング、映画鑑賞、みんなで楽しめる簡単なゲームである。ねらいは、日頃の練習やゲームから離れて楽しむことだ。テネシー大学女子バスケットボールチームを率いていたパット・サミットは、選手がそれぞれあり合わせの一品を持ち寄る食事会をよく開いていた。これは、みんながチームに役立つような責任を果たせば、チーム全体がその恩恵にあずかることができるということを理解させるのがねらいである。

❷プレシーズン活動

日頃のホームコートやホームグラウンドを離れておこなう合宿やトレーニングキャンプのことである。多くのフットボールチームがホームタウンを離れ、キャンプ地に旅立つ。選手の気が散るのを抑え、集中させるのに効果的で、チームの結束づくりにも良い影響をおよぼす。もちろん、これは予算次第だが、遠出が無理だったらチームの全員がそろって公園に出かけ、午後のひとときを過ごすことでもよいかもしれない。

③グループ対抗宝さがし

選手がお互いをもっと知り合うのに役立つ方法として、「グループ対抗宝さがし」というゲームもある。チームをいくつかのグループに分け、カメラ、品目（宝）リスト、補助資料を持たせる。各グループはそれを見つけ出すために、何をどうするのか、まず初めに作戦を練る。そして、結束して宝さがしをおこなう。キャンパスへの馴染みを深め、何よりお互いがさらに知り合う効果がある。

〈簡単な宝さがしの例〉

- 体育局長室のスタッフと写真を撮り、名刺をもらってくる。
- フィットネスセンターで利用可能な3つのサービスを調べてくる。
- キャンパスでユニークな写真を撮ってくる。
- 学長秘書から、学長のサインまたはスタンプをもらってくる。
- 進路指導センターでどのようにインターンシップの申し込みができるか調べてくる。
- 英文学科の教授と一緒に写真を撮ってくる。
- キャンパスショップ（売店）に通じる階段の数を数えてくる。
- アートセンター（美術館）に展示されている絵の5点の名前と作者を書き留めてくる。
- 他の種目のチームのコーチと選手から、シーズン中のチームと個人の目標を聞いてくる。

- 学生会館のレストランのメニューを調べてくる。
- チームに役立つと思われる本を図書館で調べてくる。

④人間ビンゴ

初めてのチームミーティングで、お互いを理解し合ったり、座を和やかにするために、この活動を役立ててほしい。ミーティングの前に、知られていないことをリストアップさせる。ビンゴカードのマスにリストアップしたことを書きこんだカードを作成し、選手に1枚ずつ持たせる。各選手が個々に仲間と話をして、答え合わせをおこなうように説明する。そして、ビンゴの列をそろえるか、全部埋まるまで答え合わせを続け、それぞれのマスに該当する選手の頭文字を記入する。

あの**マザー・テレサ**[*40]が、結束力の原点を次のように示唆している。

> 優しい言葉は短く、伝えやすい。しかし、そこに込められている気持ちは尽きない。

＊40●マザー・テレサ（*Mother Teresa*）　カトリック教会の修道女として全世界の貧しい人々のために活動。1997年9月5日、カルカッタで87年の生涯を終えた。79年、ノーベル平和賞受賞。

●誰でしょう…？

2匹のシベリアン・ハスキーを飼っている。	今年の夏にアラスカに旅行した。	全米で最大の刑務所のひとつがある州で生まれた。	舌を使ってシャボン玉を作ることができる。
トランペット、バリトンサクソフォーンが吹ける。	TVのバラエティショーに出演しているチェイス・ハンプトンを知っている。	大好きな色は淡いピンク。	動物愛護活動のボランティアだ。
腹話術ができる。	車の盗難防止警報音のような音を出せる。	イリノイ州ノーマルという所で生まれたが、あまりノーマル（普通）じゃない。	スウェーデンの人気ディスコミュージックを楽しんだ。
手話ができる。	ドラムを演奏できる。	レクサスという名前の犬を飼っている。	ロードアイランド州で生まれた。

指示
ビンゴカードにあてはまる選手を探し当てる。
当てたらマスに選手の名前のイニシャルを記入する。

⑤ポジション交代

お互いに役割の遂行に感謝しつつ、ときには日頃の練習にはない楽しさもあったほうがよい。前出のマイク・キャンドレアはそれを実践していた。他の選手のポジションに代わって実戦形式でプレーさせる。例えば、内野手は外野手と、キャッチャーはピッチャーと交代する。うまくいくポジションと、そうはいかないポジションがはっきりしてしまう。誰もが慣れないポジションだから、ときには珍プレーやうっかりミスも出る。思わず、笑い転げてしまう。しかし、何とかそのポジションの動きをこなそうと、必死にプレーする。そこから、選手はお互いがそれぞれの役割に全力を尽くしていることを再認識し、勝利に重要な貢献をしていることに感謝することを学ぶのである。

⑥背中のコメント

チームが15名以下だったら、全員が一緒になって車座になる。20名か、それ以上なら10～15名ずつの2つに分かれて車座になる。それから、各選手に紙を配り、上端に自分の名前と、例えば「ストレングス」という語を書かせ、背中にテープ留めする。そして、一人目の選手に車座の輪を1周させ、全員に背中の紙にその選手の「ストレングス」についてのコメントを書かせる。一人目が終わったら、二人目の選手以下、同様にくりかえし、全員が済むまで続ける。こうすると、背中の無記名コメントによって「君のストレングスはこうなんだぞ」と、お互いがどう見ているのか、率直に知り合うことができる。

⑦家族写真のアルバム

この方法は、パット・サミット（P９参照）が自著『***Reach for Summit***』に書いているように、スポーツ心理学者のニーナ・エリオットの考えにもとづいたものである。選手の家族や友人と撮った写真を本人に見せる。それを見ながら、家族や友人について数分間ずつ話をさせる。選手が家族や友人が自分にとってどのような存在なのかを語るので、ちょっと感傷的になるかもしれない。このような心情を察し合う場の共有は、チームを団結させるのに効果的である。

〈文献〉

・Carron, B. V. (1993). The Sport team as an effective group. In J. M. Williams (Ed.), *Applied Sport Psychology: Personal growth to peak performance.* Palo Alto, CA: Mayfield.
・Smith, S. (1993). *The Jordan rules.* New York: Pocket Books.
・Riley, P. (1993). *The winner within*. New York: Putnam.

第10章

信頼されるコーチング

コーチの信頼感とチームケミストリーをどのように育むか(C7)

1 勝利に向けての環境づくり

成果を出すコーチングは、単なるスポーツのスキル指導や戦術の立案の能力をはるかに超えたものである。また、チームを共通目標の達成に向かって率いるリーダーシップの優劣が問われる厳しい試練の場とも言えよう。

チームが成果を出せるかどうかは、選手を勝利に導いていくコーチの能力次第である。それにはまず、チームが成果を出せるだけの環境をつくらなければならない。この環境をつくれば、大きな成果を出すチャンスを手にしたも同然である。コーチの任務は、チームが一丸となって潜在成長力を最大限に発揮できる精神的、情緒的、社会的な環境を整えることである。コーチがこのような環境をつくると、チームは大きな成果を出す道を歩み始めることになる。

ここまでに何度か紹介しているパット・ライリー（P5参照）の語録にはこのようなものもある。

コーチも役割を担っている。それは「組織する、指導する、才能を発揮できる環境をつくる、勝つためにできることはすべておこなう」ということである。コーチの仕事の大部分は「選手に指示を与えること」ではなく、「選手が打ち込めるように周到な準備をすること」に割かれなければならない。

また、同じく何度も紹介しているパット・ウイリアムス（P79参照）は次のようなことを述べている。

チームが団結して勝利に邁進するかどうかは、コーチのチームを率いる態度、コミットメント、心遣い、卓越を求める情熱、献身次第である。コーチがこれらをどのように示し、どのように指導し、どのように選手と関わっていくかにかかっている。

チームが置かれている環境を把握する

コーチはチームリーダーとして、順調にチームが機能しているかを絶えず見守る責任を担っている。それは第2章（P16～）で述べたチャンピオンチームに共通する特徴のうち、⑴共通目標、⑵コミットメント、⑶特別な役割、⑷明瞭なコミュニケーション、⑸前向きな対立、⑹選手の結束、⑺信頼感されるコーチング、という7Cを視点とするチームの見守りにほかならない。

コーチがこの7Cの重要性に気づかなければ、いや、気づいていてもそれらを効果的にコーチングに反映させる方法を知らなければ、チームを勝たせることはできない。さらに、それらを実際に活用しなければ、チームの勝利はおぼつかないどころか、低迷と不振をくいとめられなくなってしまう。そうならないように、まずは「成果を出せるチーム」をめざすときに欠かせないメンタルを育て、チームという社会できちんとした生活を送ることができる技能を身につけさせなければならない。また、チームがシーズン早々からコミュニケーション不足に陥らないようにしなければならない。さらには、チームの対立が起きるかもしれないので、シーズン当初、選手には「対立を起こすチームではなく、ゲームに勝つチームになろう」と、この大前提を徹底的に認識させなければならない。これがチーム内の対立に対する抑止策にもなる。同時に、対立が起きたときの対処の仕方も教えておけば、大事には至らないはずである。このように7Cの視点をシーズン当初だけではなく、シーズン中ずっと実践、維持することが重要である。それをチームに寄り添って見守り続けていれば、トラブルが起きても、小さな段階で把握できるし、深刻化する前に手を打つことができる。

チームの内輪もめに対するコーチの立ち位置について、マイク・キャンドレア（P8参照）は、次のように語っている。

コーチの大事な任務のひとつは、遺恨になってしまう前のもっと早い段階で、しこりとなったり、手に負えなくなる問題がチーム内で起きそうにないか、いつも注視していることだ。

選手を見守る5つのチーム環境

❶コーチングスタッフ・ミーティング

毎週、チーム内にコーチの指示が浸透しているかどうかを確認するスタッフ・ミーティングを開き、選手とスタッフがうまく噛み合っているかどうかを確認しなければならない。事案の有無を報告させ、何か起きている場合は状況をチェックして、スタッフに対して、いくつかの観点から見解を求める。問題が表面化する前、あるいは起きてもまだ小さなうちは十分配慮し、先々、深刻な事態になるのを未然に防ぐようにすべきである。状況に応じて、どのような手を打つべきか見極め、適切な手立てを決め、実行する。重要なことは、当事者たちの言い分をよく聞いて、状況をつぶさに把握することである。

❷キャプテンとは腹を割って話せる関係に

コーチと選手との密接なコミュニケーションは絶対におろそかにできない。コーチはチームとしっかりコミュニケーションできる距離を常にキープしておかなければならない。キャプテンは、チーム内で大きな責任を背負っている微妙な立場にあるので、キャプテンとの率直かつ気兼ねのない信頼関係を築くことが不可避である。キャプテンを信頼して、他の選手への情報の漏洩がないように噛んで含めることも必要になってくる。と同時に、キャプテンはチーム内の〝かなめ〟の存在だから、コーチよりもずっと以前にいろいろな問題を知り得る立場にある。したがって、コーチが知っておくべき情報を必ず報告させるようにしなければならない。

❸チーム委員

「チーム委員」と呼ぶ役割を設けているチームがある。コーチの指名か、選手の投票によって決まったチーム代表者のことである。たいていの高校、大学のチームでは（総人数にもよるが）、新入生から最上級生の全学年から1～2名ほどが選ばれている。そして、毎週、あるいは月例でチームの状況や懸案になりそうなことについて、チーム委員も出席するスタッフ・ミーティングをおこなう。そこではチーム委員に情報が提供され、チーム人事についても意見交換がおこなわれる。

❹チーム総会

チーム全体の運営管理には、すでに述べた「成功の柱」を使う手もある。毎月、これを見直す。あるいは、意図的におこなうようにする。チームの調子がよいときにおこなうと、選手に自信を持たせることができる。さらに、成果を褒めて、一層がんばることを促し、チームがこの状態を維持することが大切であると励ます。対照的に、チームが不調に陥っている場合は、選手を奮起させるために何が必要なのか見直す。チーム総会はチームを点検する良い機会となる。したがって、コーチがいまどのように選手から思われているのか、チームの目標の達成ができそうなのか、あるいは困難なのか、その感触を得ることもできる。

❺サポートスタッフ・ミーティング

効果的であるのに、ときどきうっかりして忘れてしまうのが、サポートスタッフからの情報収集である。「いま、チーム内でどのような問題が起きているのか」について、知っていることを聞くようにする。立場的に彼らが選手たちと親しくしているからなのか、情報の詳しさには驚かされる。客観的に事態をとらえ、詳細な情報を持っている。ストレングスコーチ、アカデミックアドバイザー（選手の学業面の支援者）、アスレティックトレーナー、メンタルコーチなどがチームに加わっているなら、是非、彼らからチーム実態を聞いてみるとよい。

チームの状況やもっと詳しく知りたいことがあるときに、中でも真っ先に聞くべきスタッフは、アスレティックトレーナーである。選手とスタッフの両方から話を聞ける立場だから、何に関しても耳に入ってくるのが早い。メンタルトレーナーも兼ねているようなものである。当然、選手の秘密にしておくべきことはあるので、サポートスタッフには慎重な対応が必要である。しかし、アスレティックトレーナーとは密接な関係を維持するべきであるし、チームのために最善を尽くしているのだから、信頼すべきである。しかし、「選手本人には内緒で……」と言って聞き出そうとしても、当然、拒否するであろう。むしろ、警察の事情聴取ではないのだから、チーム内で起きていることについて、ざっくばらんに聞かせてもらうという姿勢のほうが好ましい。コーチとして気になっていることをクリアにするために、コーチが踏みこむべきか、沈黙を保つべきか、対応を決める貴重な参考情報となる。

2 コーチへの信頼

信頼はコーチの生命線

コーチに対する信頼は、成果を出せるか出せないかを左右する決定的な要因である。選手はコーチの理念を理解すべきであり、チームを率いる人として忠誠を尽くさなければならない。他方、コーチングとは「とてつもないチャレンジ」であり、大きな責任を伴うものである。選手が「コーチは信じられない」と不信感を持っていたとしたら、とうてい勝てるわけがない。コーチ不在で成果を出しているチームは非常に少ない。ただ、選手の結束力があれば、決して信頼できるコーチでなくても、勝ち目は薄いが、ゲームで勝つことは可能である。

だから、コーチを当てにしていないチームがたまたま勝ってしまうと、コーチ自身は、「自分のコーチングには何の問題もない」と錯覚する。そして、履き違えた自信を深めるであろうし、おそらく「選手から信任されている」と思ってしまうのではないだろうか。もし、選手たちが「うちのコーチは目標を達成するときの一番やっかいなお荷物だ」と感じていたら、非常に不幸なことだとしか言いようがない。

コーチは「チームの心証を害し、信頼性を損ねていないだろうか」と、いちいち神経質に意識しているわけではない。多くのコーチは、普通ならいつもチームにとって良かれと思うことにベストを尽くすという思いで、選手に対応している。そういう意味では、コーチングは毎日がチャレンジとリスクの抱き合わせである。コーチが「良かれ」と確信していても、チームには反対に受けとめられる場合もある。コーチは自分が決めたことの結果やなりゆきを常に完全に把握していない場合がある。また、知らないうちにチームのケミストリーに逆作用することをやっているかもしれないし、自身への信頼性を喪失している場合もある。

コーチに対する信頼とチームケミストリーをつくる15のヒント

①公明正大な入部候補選手の選考

才能本位で選手を集めているコーチは、「才能＝成功」を信じて疑わない。そのようなチームに集められた選手は経歴、態度、目標などに関係なく、「自分がチームの主力になり、成果を出せるか出せないかのキープレーヤー役を任されている」と錯覚している。未だに「才能＝成功」と信じこんでいたら、本書の第1章に戻って、読み返してもらいたい。

もちろん、才能は重要である。コーチが構想している水準から多少低くても、その選手をゲームで使いたいという場合もある。また、経歴にやや問題があっても入部させてしまう危ないケースもある。けれども、才能だけを優先し、選手の性格を考慮しないで入部させてしまうことは、時限爆弾のスイッチをオンにしたようなものなのである。それでも、そうやって入部させた選手の力で短期的には成果を出せるかもしれない。しかし、思いがけず、コーチとしての評判や収めた成果を突然喪失しかねない原因となることもあるかもしれない。くりかえすまでもないが、成果を出しているコーチにとっては、選手を入部させる際に、チームが成果を出すのに貢献できる優れた才能、あるいは選手としてふさわしい人柄などを考慮するのは当たり前のことなのである。

そのことをしっかりと実践しているのがリュート・オルソン（P196参照）だ。選手を選考するとき、チームに在籍している選手と入部候補選手とが同席する時間を設けている。だから、入部候補選手は選手の前に〝人間〟として見られていると感ずるという。チーム訪問が終わると、オルソンはチームの選手から入部候補選手についての印象を聞き、果たして、一緒にうまくやっていけるかどうかを判断する。さらに、入部候補選手を奨学金授与学生にするか否かの投票をさせる。このように新しい入部候補選手の選考に関わることで、チームの活動の健全さを確保できるし、また、チームの重要な決定に選手が関わることを尊重していることを示すことができるのである。

パット・ウイリアムス（P79参照）の言葉である。

チームが成果を出すためには、チームに優れた力量を持つ人びとがいなければならない。また、一致団結、調和、バランスある運営ができなければならない。

❷「選手」ではなく「人」としての気遣い

コーチが、選手の個人としての生活を見過ごしてしまうと、そのことが大きな問題につながりかねないということを理解する必要がある。リーダーが成功する要因には2つある。すなわち、「成果を出すことへの関心」と「一緒に取り組む人びとへの気遣い」である。多くのコーチは自分の課題に打ちこみ、指導を重ねることによって成果を収める。しかし、そういうコーチよりも指導能力を高く評価されているコーチは、勝つことを追求する点は同じだが、おそらく選手を成功する人間として育成することに重点を置いている。

「選手はアスリートであるが人間でもある」ことを思い起こしてもらいたい。一般にアスリートは学生、子ども、兄弟姉妹、友人、親など、いくつもの立場を持って生活している。まさしく、選手である以上にもっと大切な人間という立場にある。選手に事情があるにもかかわらず、自ら無理して「プレーさせてほしい」と言ってきても、軽々とは応じるべきではない。言うまでもなく、選手以前の立場を優先し、尊重することが大切だからである。ときどき、コーチはこのことを忘れてしまい、選手のことをただのアスリートとしか見ないときがある。しかし、選手にはコーチと同じように、家族があり、友人がいて、自分にとっての身近なこと、例えば引退後のことなどを真剣に考えているということを忘れてはならない。人がたまたま「選手」になったからといって、ただアスリートとしてだけの対応は避けなければならない。

選手がゲームに勝とうと戦っているときには、試験で「A」を与えるときのように必ず褒めなくてはならない。プライベートな友人との別れ、家族の訃報などの選手の個人的な出来事が起きたときは、必ずその選手に寄り添うようにしなければいけない。選手のことを人間的にもリスペクトしていると、選手は「自分に気遣ってくれている」と受けとめ、「コーチのために命をかけて、がんばろう」という気持ちになるかもしれないのである。

次のような言葉は「コーチングの原理」として言われているのではないだろうか。

選手はコーチが自分に気遣ってくれていることに気づくまで、コーチが自分のことをどの程度わかっているのか気にかけない。

マーティ・ショッテンハイマー（P77参照）は次のように述べている。

もし、自分が役に立ち、存在価値を感じてもらえるなら、もっとハッピーだし、もっと役に立ちたいと思う。それがフットボール、不動産、電子工学のどこの分野なのか、そんなことは関係ない。その人だけが持つ大切な願いなのだから。

❸選手との信頼関係の構築

チームを成果が出せるように導くためには、選手に対しては、絶対に誠実でなければならない。選手からコーチに対しても同じことが言える。すでに述べたことだが、誠実というものは言行が一致してこそ受け入れられるものである。選手はコーチに誠実であるべきだし、コーチから言われたことについては、いったんそれを素直に受け入れるべきである。

選手と誠実に対応できないコーチは、やがて深刻なダメージを被ることになる。例えば、「近いうちにゲームの出場時間を長くするから」とその場をとりつくろったとする。そういう場合、とっさには選手をなだめることができたとしても、後々、言った通りにできなかった状況が発生すると、(たとえそのつもりではなかったとしても)コーチは苦しい立場に追いこまれる。そればかりか、チーム全体にコーチへの不信感が生ずる。たとえ、多少、選手の心を傷つけることがあっても、コーチは選手に対しては正直さを貫くべきである。どこまでできるか心配な選手に対しても、絶えず「ゲームの出番があるぞ」という心構えを持たせることが大切である。選手は「ゲームに出たら、何かやってやろう」という積極的な気持ちになる。さらに、ふだん出番が少ない選手を起用したとき、他の選手たちに「コーチが期待を込めた起用だ」と納得させることができたら、コーチの選手への対応が「ぶれていない」と確信するだろう。信頼関係は築き上げるまでに時間がかかるが、逆に、一瞬にして瓦解することを肝に銘じておかなければならない。

④選手が主役の勝利と功績

言うまでもなく、コーチなら「成果を出したい」と考え、チームを勝たせるべく采配を振るう。勝利に向けて全幅の信頼を選手たちに寄せていても、チームに深刻な問題が起きることがある。その原因は、残念ながら、いざとなるとあまりにも自分本位になってしまうコーチの存在である。初めの頃はもっぱら選手を立てて、選手が主人公であるような言動をとる。ところが、予想以上に選手が能力を発揮してチームが勝ち進むと、コーチが栄光も称賛も独り占めにしてしまう。そういうコーチは簡単に見分けがつく。明らかに、チームが勝つと自分の手柄にし、負けると選手のせいにする傾向があるからである。競技中の選手のがんばりを評価しないで、勝った栄光はすべて自分のものにしてしまうことによって、チームの素晴らしさが損なわれてしまうとはまったく思ってもいないのだ。そのようなコーチは、選手のがんばりをそっちのけにして、自分のコーチングの優秀さばかりを自画自賛したがる。

優れたコーチは、勝てば選手のことを称賛する。ゲームを戦った主人公は他でもない、選手たちであることをちゃんと認識している。選手が自信をつけることによって、選手は潜在成長力をさらに発揮して、「勝つぞ！」というメンタルをさらに強くしていく。チームの調子がいいときは多少の自己満足感があるかもしれないが、それよりも、もっと選手の潜在成長力を発揮させることができないかということに神経を注いでいるものである。同時に、それぞれの選手が目標を達成できるように最後まで目を配る努力を怠らない。そして、ゲームに負けたときには、選手ばかりにその責を負わせることがないように気を配るものである。

⑤チームとのいつも緊密なコンタクト

コーチとチームがこまめにコミュニケーションできる状態になっていない、あるいは、コーチが選手の目標、不満、心配、対立などをよく把握していないと、チームの結束に乱れが生じてくる場合がある。信じられないかもしれないが、練習開始時刻に来て、ホワイトボードに示したポジションに選手を割り振って練習させ、終わったらさっさと帰宅してしまうようなコーチもいる。こういうコーチングのスタイルは、確かに事前に綿密に計算し尽くした意図的な場合もある。長いキャリアのあるベテランコーチなら、そういうやり方をしてしまうこともあるかもしれない。しかし、選手の気持ちを考えたら、あまり効果は見込めないのではないだろうか。なぜならば、メンタル面や社会面のコーチングが抜け落ちているからである。チームとのこまやかな結びつきを大切に扱っていないように見えるそのようなコーチの態度は、5歳児の危険なマッチ遊びを見て見ぬふりをするようなものである。最後には誰かがやけどして終わることになる。そもそも、そういうコーチは、選手の向上心の原点を見失っていることに気づくことができない。

患者の症状を注意深く見守り、適切に診断、治療していく名医のように、成果を出すコーチはチームの危険な兆候の有無を絶えず注視している。どの選手が与えられた役割で四苦八苦しているか、どの選手がチームの誰とそりが合わず、うまくいっていないのか、いつハードトレーニングを課し、いつスローダウンさせるか……実によく見ている。そのようなコーチは、チームをメンタルとフィジカルの両面からこまめにチェックしているので、チームの状況に合わせた練習計画の修正ができる。また、対立が起きたときは速やかに対策を講じて収束させることもできるのである。

⑥主力選手や問題選手に対する毅然とした態度

コーチが主力選手や問題選手に甘いと、チームが危機に陥る恐れがある。けじめを持ってそういう選手をきちんとコントロールしていかないと、手に負えなくなるのは目に見えている。チームの調子がおかしくなるのは、そういう選手が自分たちに甘いコーチを見透かして、勝手なことをやり始めるときである。コーチが自分たちには厳しいことを言わないことがわかっているので、本来はコーチが指示しておこなうべきプレーであっても、自分たちのしたい放題にしてしまう。

このように、選手、それもとくに主力選手に対する責任を放棄してしまうコーチもいる。そして「頼りにしている主力選手が自分の言うことを聞かなくなるのではないか」ということや「他のチームに引き抜かれないか」ということに神経質になり、つい弱腰になってしまうのである。コーチがもっとも窮地に追いこまれるのは、そういう選手がチームの取り決めを破ったときである。見て見ぬふりをして甘い態度で終えてしまうのか、他の選手に見えるようにきちっと非を指摘して納得させ、それなりのペナルティを科せられるかどうかが重要なのである。残念だが、こういう場合、多くのコーチはそういう選手に迎合して、チームの信頼を損ね、結束が乱れても毅然たる態度で対応できず、〝あいまいな決着〟を選んでしまう。要するに、足下を見られているコーチが、18歳そこそこの選手の手玉に取られているのも同然なのである。当然ながら、そういう選手を甘やかすと、残りの選手たちの間に生じた憤りや不満は、やがて、チームのモチベーションの低下につながり、チームは分裂状態に陥ってしまうのである。

1990年代、NFLのミネソタ・バイキングスのヘッドコーチとして活躍した**デニス・グリーン**＊41が次のように語っている。


コーチが質《たち》の悪いミスを犯すと、スーパースターのやりたい放題を許すことになる。

＊41●デニス・グリーン（*Dennis Green*）　ヘッドコーチとして1981－85年ノースウエスタン大学、89－91年スタンフォード大学を率いた。NFLでは92－2001年ミネソタ・バイキングス、04－06年アリゾナ・カーディナルズのヘッドコーチ。ミネソタ時代、ディビジョン優勝4回、NFLプレーオフ8回出場。

⑦選手から信頼を得るのはコーチの熱意

また、コーチの姿があまりにも成果を出そうとしすぎるように映ったり、チームや目標に対しての強い気持ちやコミットメントがないと感じられたりする場合も、選手からは信頼されなくなる。例えば、練習計画の検討が突然おろそかになりはじめたり、以前は練習開始時刻よりも早めに来ていたのに来なくなったり、居残り練習につき合わなくなったりしたとき、いくら口先で「がんばれ」と言っても、選手には空虚な言葉としてしか響かない。あるいは「ゴルフに行く」などの理由でコーチ室を出るのが早くなったりしたときも、いくら「一生懸命やれ」と言い残しても、選手はまともには受け取ってくれないだろう。このような言動を改めない限り、コーチが選手から信頼を得るのは難しい。

⑧信頼できるコーチングスタッフ

コーチングスタッフの結束が足りないことも、チームの成果が上がらないひとつの要因になる。

スタッフの人数は選手よりも少ないが、第2章で述べたチームづくりのための7Cはスタッフたちにもあてはまる。選手はスタッフがひとつにまとまっていないと見抜いたら、彼らに何を言われても半信半疑になってしまう。ましてや、選手の前でヘッドコーチがコーチングスタッフの愚痴をこぼすなどしたら、選手は誰を信じていいのかわからなくなってしまう。また、言われたほうのコーチングスタッフも、その愚痴は自分たちへの不信感の表われと受けとめ、今度は逆に、ヘッドコーチへの不満をこぼすようになってしまう。このようなことからすると、ヘッドコーチは自分が信頼できるコーチングスタッフを選んでおくべきだろう。もし問題が起こったとしても、スタッフとヘッドコーチとが話し合えば済むことが多いはずである。話し合いで決着がつかないようなスタッフだとすると、選手たちの前で激しい口論となってしまうかもしれない。また、話し合うとしても、物別れに終わることを覚悟しておく必要がある。

コーチングスタッフと契約のサインを交わす際には、少なくともチーム運営のどのような職務に関わってもらうのかは明確にしておく必要がある。必ずしもすべてに合意がなされなくてもよい。ただ、基本的には「コーチングの理念が一致しているかどうか」は確認しておくべきである。一致しないことが出てきそうなときは、できるだけ早く事前調整しておくべきであろう。そりが合わず、その状況が続くようなら、おそらくチームから身を引いてもらったほうが賢明であろう。

デイビッド・オドム（P133参照）が、次のように述懐している。肝に銘じておきたい。

ウエイクフォレスト大学で大きな成果を出せた要因は何かと聞かれたら、スタッフが団結して取り組んだ結果としてのケミストリーと、お互いに足りないところを補い合うことができるスタッフの能力である、と答えている。

⑨選手が納得する役割の説明とその大切さ

チャンピオンチームづくりに欠かせない7つの特徴のひとつ、「特別な役割」のことである。コーチがこの役割を担う選手にははっきりとその役割をわからせておかないと、チームは混乱してしまう。したがって、コーチは、その選手がチームから何を期待されているのかを納得させなければならない。選手が理解したなら、その役割に合わせて練習に取り組ませ、ゲームで発揮できるようにサポートする。その役割を担う選手は、往々にして、自分の力量がどの程度チームに貢献できているのか知りたがる。これはコーチがよく説明しておかないと、錯覚してその選手だけが気負ってしまう場合も少なくない。

すでに述べたように、コーチと選手がお互いの役割をリスペクトすることは大切である。コーチが控え選手の貢献には目もくれず、レギュラー選手ばかりを持ち上げると、チームの雰囲気は良い方向には向かわないし、問題も起きる。レギュラー選手ばかりを褒め、控え選手への配慮を忘れてしまうコーチは少なくない。もちろん、選手がなんとかレギュラーの一人になろうとがんばること自体はチームのプラスである。しかし、それ以外の残りの選手はコーチングスタッフに目をかけてもらう機会が少ないので、当然だが、モチベーションが低下する。したがって、そのような状況下で主力選手が負傷したりしたときのチームは要注意である。なぜなら、コーチにあまり目をかけてもらっていない控え選手の中から代替の選手を選ばなくてはならないからである。そのような選手は、メンタルとフィジカルの両方が低下気味の場合が多い。このように、控え選手を育てる重要性を軽く見て、その存在と貢献にきちんと目を向けず、リスペクトしていない状況では、チームの立て直しに難渋するであろうことは明らかである。

成果を出しているコーチは、選手の役割を一人ひとりに明確に伝えている。レギュラー選手には、勝利への貢献をこまかく評価して伝えることが多くなるだろう。当然ながら、控え選手と話すときのような雰囲気ではなく、また、話す時間も長くなる。控え選手も含め、すべての選手に各々の役割を納得させ、それを果たすように導いていかなければならない。ただ、ベンチ組(シックスマン以降)だということを知った選手はがっかりしないと言えば嘘になる。しかし、選手が納得するまで丁寧に説明すれば、選手は素直に受け入れてくれるし、少しでもゲームに出られるチャンスを得ようと前向きになり、自分の力量を高めるためにがんばるものである。

⑩終始一貫の大切さ

コーチが、チームの雰囲気や戦い方の方針を急に変えると、チームは混乱する。コーチングにおける一貫性は重要であり、それが欠けてくると、選手の困惑の原因となる。例えば、選手と軽い冗談話をしたあとに突然選手を怒鳴ったりすると、選手にしてみれば「さっきの冗談交じりの話はいったい何だったのか？」ということになる。あるいは、シーズンが始まってから、ある戦術をくりかえし練習させておきながら、シーズン途中から急に、それまでまったくやったことがない戦術に切り替えたとすると、選手が右往左往するのは目に見えている。

成果を出すコーチの場合、その基本理念、チームの取り決めの徹底度、戦法などは終始一貫しているものである。もちろん、それらについての多少の修正や変更はあり得ることであり、たとえ修正や変更があった場合でも、コーチが自分たちにどのようなことを期待しているのかわかっているのであれば、大きな問題にはならないはずである。

パット・サミット（P9参照）がコーチの「ぶれ」について、次のように述べている。

信頼されるためにはぶれないことだ。ちょっとでも一貫性がないと思われたら、瞬時にして、信頼を失う。

ＮＦＬマイアミ・ドルフィンズで26年間指揮を執った**ドン・シュラ**[*42]が、コーチの「ぶれ」について次のように述べている。

一貫性はゲームのときの非常に重要な要素だ。コーチングスタッフが一貫した視点でぶれることなく選手を見守るなかで、選手がスタッフを信頼していることを誇りに思う。

*42●ドン・シュラ（*Don Shula*）　ＮＦＬドルフィンズを26年指揮。その間、負け越しはわずか2シーズン、ＮＦＬ最多勝ヘッドコーチ。１９９１年に夫人が乳がんで死去、直後に自ら「乳がん研究センター財団」を設立。

⑪いつ休み、気分転換し、燃え尽きないようにするのか

絶えず自分の周囲のいろいろなことが気になりすぎてそのことが頭から消えず、困惑した雰囲気を表に出してしまうコーチがいる。コーチのそのような雰囲気は往々にして選手に伝染し、選手も困惑してしまう。もちろん、コーチには真面目な取り組みとコミットメントは必要だけれども、意識してそれらを緩める時間も設けなくてはならない。〝回復サイクル〟のようなものがあることを思い起こしてもらいたい。人間は猛烈な環境に耐え、驚異的なことを成し遂げる。だが、その過程では、フィジカルとメンタルの両面の休息が必要である。シーズンは何か月にもわたる

ので、第2章で述べた「勝ち始め成熟期」に到達し、チームをピークに持っていくようにするためには、何か月もの日数と時間を要する。だから、休息時間を含め、コーチは残された時間をどのように有意義に使っていくかを十分検討しておかなくてはならない。

優秀なコーチはいつ休息をとるべきかを早めに察知できている。多くのコーチがシーズン当初は選手に発破をかけ、チームに長く厳しい練習を課す。その場合の目的は「反復練習によって選手のスキルと持久力をアップさせるため」だから、時間的に長くなり、量的にも多くなる。いよいよシーズン間近になると、練習では集中力が求められ、質を維持させながらチーム力もアップさせる内容に変わっていくので、時間的には短くなる。確実に、選手が自分のメンタルとフィジカルに自信を持てるように練習に取り組ませる必要がある。しかし、モチベーションと楽しさを削いでしまったらもとも子もない。猛練習に耐えている選手に燃え尽き症候群の様子が見え始めたときは危険な兆候である。だから、そうならないように、慎重に練習時間を調整しなければならない。

⑫チーム内の度を越した競争の回避

チーム内におけるライバル同士の競り合いは絶対に必要だが、しこりを残すようなものであってはならない。しかし、ときおり、コーチが選手に度を越した競り合いをさせることがある。前向きな競り合いでは、選手はレギュラー選手の人数枠に入ろうと、プレッシャーを乗り越えて、必死にがんばる。コーチは練習やゲームではお互いの切磋琢磨を勧めても、練習やゲームが終わったら、180度切り替えて、「チームの仲間意識」を強調すべきである。ときどき、コーチは選手にレギュラー選手枠入りの競争をあまりにも煽りすぎることがある。だから、選手は批判や中傷を受けても、自分がけがや病気をしても、あるいは仲間の選手を差し置いても、必死にレギュラー選手枠にくいこもうとする。長いシーズンを乗り切るなかで、お互いが切磋琢磨して成果を追い求めていくのだから、チームの仲間、とくに、ポジションや身長などで張り合っているライバルをお互いにリスペクトさせるべきである。

⑬矛盾のない模範

いっぽうで、何かを教え諭しておきながら、もういっぽうで、それに反したことをやっていると、コーチは信頼されなくなる。例えば、ゲーム中に選手にも聞こえる大きな声で審判の判定に文句を言っているコーチが、納得のいかない笛を吹かれた選手に「いまの笛は気にしないで、冷静にプレーしよう」と言っても説得力に欠ける。選手はコーチのいろいろな言動をよく見ており、模範とする場合もある。成果を出しているコーチはチームカラーを決めており、競技の場でも、その場から離れても、選手にはそのカラーに見合った言動を期待しているし、要求もする。そのためには、コーチも自らが常に模範を示すべきである。

⑭大事な目標の達成までのプロセス

多くのコーチがシーズン中に目標を達成しようと努力している。ところが、よくあるケースだが、選手を目標が達成できるまでのプロセスに集中させ切れていない場合がある。本書の最初で強調したのだが、チームはシーズン初めに、何よりもめざす目標を明確に定めなければならない。それがシーズンの長丁場を乗り切っていく拠り所となる。ひとたび目標を定めたら、それを達成するように選手に最大限のチャンスを与え、集中させなければならない。成果を収めているコーチは、選手と目標の達成をめぐってよく話し合う。そして、「成果以上に努力のプロセスを重視する」ことなどを強調し、選手のやる気や士気を鼓舞しなければならない。

⑮選手の関わりと責任

そして、チームに影響する「取り決め」に可能な限り選手を関わらせることの重要性を忘れないでもらいたい。何年も前によく目にしたスパルタ教育型のコーチングスタイルを昨今のアスリートに当てはめることはできない。そのようなコーチングスタイルはもはや時代遅れである。そうではなく、チームの選手一人ひとりの立場と意見を尊重することが非常に大切なのである。もちろん、それは選手の言いたい放題、やりたい放題を黙認するということではなく、選手の考えも聞き、評価をオープンにおこなうという意味でもある。

コーチは選手を巻きこみ、チームに注力するパワーを育む。選手も自分たちが関わって決めた目標の達成に対する責任の一端を負わなくてはならない。同時に、目標を達成するために必要なコミットメントを最後まで保ち、毎日の努力、チームワークにも責任を負わなければならないのである。

コーチの信頼性を高めていくとき、「つくるのに長い時間がかかっても、壊れるときは一瞬のことだ」という厳しさがある。選手が心底から信頼し続けるコーチは、まぎれもない名将である。そのようなコーチは、選手の潜在成長力を余すところなく引き出していく前向きなチームづくりを成功させることができるのである。

訳者あとがき

いつのことだったか、通い慣れたバスケットボール発祥の地スプリングフィールド大学のブックストアで、本書の原著『*Championship Team Building*』を見つけて買ったのですが、帰国後、すっかり〝積ん読〟にしていました。ところが、2年ぐらい前に、ひょんなことから原著者本人のジェフ・ジャンセンとメールを交わすことがあり、「待てよ、そういえば……」と書棚から引っこ抜いたのがこの本です。久しぶりにざっと目を通すと、彼自身の現場体験がふんだんに用いられており、話は具体的で説得力がありました。しかし、刊行からもう15年という古い本になりつつあるので、訳書にできるのかなと、いささかためらいがありました。とは言え、温故知新というか、昨今のスポーツ界のコーチングの第一線でもなお新しい、示唆に富む視点と内容もあって、コーチングの〝振り返り〟の参考になるのではと判断しました。

折も折、某紙の「経営者や中高年サラリーマンに静かなブーム　アドバイザーとは別物――コーチングって何をしてくれるの？」という見出しの記事（２０１４年8月22日）を目にしました。日本コーチ協会が、「コーチングの専門家はこの方（質問者）自身の中に潜在的に眠っているアイディアや資質を引きだすための質問をしながら、目標や夢を実現するお手伝いをするのが役割です――」と丁寧に回答されています。スポーツ界における「コーチ／コーチング」の来歴については、すでに『クリエイティブ・コーチング』（大修館書店、２００８年）の中で説明させていただきました。しかし、ジャンセンは書名に「チームビルディング」という言葉を使っています。「コーチ／コーチング」と無縁でないことは容易に想像がつきますが、ならば、これはいったいどのようなものなのか、興味が湧いてきました。

手がかりになったのは、ジャンセンも本書で紹介しているＮＢＡコーチのパット・ライリーです。ニューヨーク・ニックスのコーチに就任する前、チームはわがままの仕放題、お互いの寛容さもリスペクトも喪失……という、ひどい〝利己主義者病〟に陥っていたそうです。就任後、その状態を立て直し、チームを劇的に再生し、「チームビルディング」の手腕が高く評価されたのです。ライリーはこのときの経験をモチーフに『*The winner within*』(1994) を書いています (Yukelson, D., 1997.「スポーツにおける効果的なチームビルディングの原理─ペンシルベニア州立大学における実践をもとに」)。

このようなことがプロローグとなって訳出の実現に至ったのですが、全体的に本題からできる限り逸れないようにしつつ、内容によっては削除や補筆をおこなっていますので、逐語訳になっていないことをお断りしておきます。書名については、「推薦の言葉」の訳者註（チームビルディング／チームづくり）のところでも触れましたが、ジャンセンの原題どおり「チームビルディング」を用い、本文中は「チームづくり」という訳語を用いています。また、ジャンセンが紹介している往年の実業界、スポーツ界の人たちについては、原文のままにしながらも、経歴などについては、読者のより深い理解を促すために、訳者註という形で補っています。

ところで、ご存知の方も多いと思いますが、オーケストラのコンサートでは、演奏者たちがステージの席に着いても、すぐに指揮者が出て来て演奏が始まるわけではないのです。指揮者が出て来る前に、客席から見てステージ左側のいちばん指揮者に近いバイオリンの演奏者（コンサートマスター）が立ち上がり、それに続いて全員が音出しを始め、わずかな秒単位の時間ですがチューニングと呼ばれる〝音合わせ〟をやります。コンサートマスターが着席すると、ピタッとすべての音が止まり、会場内に数秒の静寂が流れます。そして、指揮者が出てきて指揮台に上がり、一瞬の間をおいて楽曲の演奏が始まるのです。

さて、本書の訳出が終わりに近づいた頃のことですが、珍しく、コンサートに行きました。演奏は100人近い編成の東京フィルハーモニー交響楽団でした。休憩をはさんだ後半、数曲が演奏されていよいよあと最後の1曲を残したところで、ステージの袖でゲストと指揮者との10分そこそこのトークセッションがありました。もちろん、その間、演奏者たちはトークを耳にしながら、最後の楽曲の演奏のためじっと待ち続けています。そして、トークが終わった瞬間、コンサートマスターがさっと立ち上がり、〝2回目〟のチューニングが始まったのです。それは指揮者がステージの袖から指揮台に上がったときまでのわずか何秒という間のことでした。指揮者は何ごともなかったかのように、その日の第1曲目「魂の歌」（東日本大震災・復興支援プロジェクト）のときと変わることなく、すべての演奏者に無言の合図か、一瞬の間を置いて指揮棒を振り始めるや、一気に胸に迫る旋律が会場内を包み込んでいきました。

このとき、会場のサントリーホールで実感したのです。「あぁ…、チームビルディングって、こういうことではないのか。見事なコンサートマスター（キャプテン）と指揮者（ヘッドコーチ）の以心伝心で演奏者（選手）全員を一点に集中させ、〝演奏ゾーン〟に引き込むのだ…」と、なぜか妙に納得できたのです。言ってみれば、チームビルディングは選手とコーチの〝あうんの呼吸〟の連続なのかもしれません。

さて、オリンピック・パラリンピック２０２０年東京大会が近づくなか、日々、チームビルディングに取り組んでおられる方々に、このつたない本書を通じて少しでも私たちの意図したところをお伝えできればと願っています。

このジャンセンの原著の訳出の試みに格別のご高配いただき、その機会を与えて下さいました大修館書店編集部の粟谷　修氏には、今回もまた書き尽くせないほどお世話になりました。ほんとうにありがとうございました。心からお礼申し上げます。

２０１７年５月
水谷　豊

マ

ヤ

ラ

タ

ナ

ハ

カ

サ

さくいん

欧文

ア

[訳者紹介]

水谷　豊（みずたに ゆたか）

1973年　東京教育大学体育学部体育学研究科修士課程修了

担当：訳（第2章、第8章、第10章、推薦のことば、まえがき、訳者註）、校閲

藤田将弘（ふじた まさひろ）

2013年　日本体育大学大学院博士前期課程コーチング学修了

現在、日本体育大学体育学部准教授

担当：訳（第3章、第4章、第5章、第6章）

中道莉央（なかみち りお）

2009年　武庫川女子大学文学研究科修士課程修了

2013年　武庫川女子大学臨床教育学研究科博士課程修了（教育学博士）

現在、びわこ成蹊スポーツ大学スポーツ学部スポーツ学科准教授

担当：訳（第1章、第7章、第9章、目次、著者紹介）

［著者紹介］

ジェフ・ジャンセン（Jeff Janssen）

1991年マーケット大学卒業（心理学／コーチ学）。93年アリゾナ大学修士課程修了（スポーツ心理学専攻）。94年7月、同大学競技スポーツチームのピークパフォーマンスコーチに就任、96年4月、自ら主宰する「ジャンセン・スポーツリーダーシップセンター」を設立。数種目のチームおよび学生アスリートを対象に、チャンピオンシップをめざすチームケミストリー、メンタルタフネス、リーダーシップスキルなどの養成・支援にあたる。ノースカロライナ、ミシガン、スタンフォード、テネシー、フロリダ、フロリダ州立、ウイスコンシン、ルイジアナ州立、ノースカロライナ州立、メリーランド、アラバマ、アリゾナなど各大学のNCAAディビジョンIに所属する種目のカンファレンス選手権、NCAA選手権プレーオフ水準の強豪チームを主たるクライアントとしている。

執筆面では、本書以外に『*The Seven Secrets of Successful Coaches*（成果を収めているコーチの7つの秘訣）』（2002）をはじめ、多数上梓。

最強《さいきょう》をめざすチームビルディング
——潜在成長力《せんざいせいちょうりょく》を引《ひ》き出《だ》すコーチの取《と》り組《く》み

NDC780 / xvi, 239p / 19cm

初版第1刷————2017年7月20日

著　者————ジェフ・ジャンセン
訳　者————水谷《みずたに》　豊《ゆたか》／藤《ふじ》田《た》将弘《まさひろ》／中道《なかみち》莉《り》央《お》
発行者————鈴木一行
発行所————株式会社 大修館書店
〒113-8541 東京都文京区湯島2-1-1
電話 03-3868-2651（販売部） 03-3868-2299（編集部）
振替 00190-7-40504
［出版情報］ http://www.taishukan.co.jp

装丁・本文デザイン—石山智博（TRUMPS.）
組　版————加藤　智（たら工房）
印刷所————三松堂
製本所————牧製本

ISBN978-4-469-26822-5　Printed in Japan